一起读庄子

经典来了

孟琢 著

人民文学出版社 天天出版社

图书在版编目（CIP）数据

一起读庄子 / 孟琢著. -- 北京：天天出版社,2024.6（2024.10重印）

（经典来了）

ISBN 978-7-5016-2304-4

Ⅰ.①一… Ⅱ.①孟… Ⅲ.①《庄子》—青少年读物 Ⅳ.①B223.5-49

中国国家版本馆CIP数据核字(2024)第081990号

责任编辑：陈　莎　　　　　　　美术编辑：林　蓓
责任印制：康远超　张　璞

出版发行：天天出版社有限责任公司
地　址：北京市东城区东中街 42 号　　　　**邮编**：100027
市场部：010-64169002

印刷：天津善印科技有限公司　　　　**经销**：全国新华书店等
开本：710×1000 1/16　　　**印张**：10.25　　　**插页**：1
版次：2024 年 6 月北京第 1 版　**印次**：2024 年 10 月第 2 次印刷
字数：124 千字

书号：978-7-5016-2304-4　　　　　　**定价**：80.00 元

　　国家社会科学基金重大项目"基于历代训释资源库的中国特色阐释学理论建构与实践研究"（22&ZD257）、北京师范大学中央高校基本科研业务费优秀青年创新团队项目"基于数字人文的《说文》学跨学科研究"（1233300008）、北京师范大学民俗典籍文字研究中心及中国文字整理与规范研究中心相关成果

　　北京师范大学文学院教授,从事经典文献与古代汉语相关研究。在《中国社会科学》《哲学研究》等刊物发表学术论文60余篇。出版《齐物论释疏证》《汉字就是这么来的》《孔子曰》等著作。获评第二批国家级一流本科课程(课程负责人)、全国优秀博士学位论文提名、全国高校青年教师教学竞赛一等奖、文津图书奖等。积极面向社会大众传播中华优秀传统文化,在人大附中、北师大二附中、学而思、新东方、博雅小学堂、三联中读等平台开设《论语》《孟子》《庄子》《说文解字》等国学经典课程。

引 言

中国历史上，有各种各样精彩的人物。

名垂千古的道德君子，功盖四方的帝王将相，笔走龙蛇的文人墨客，肝胆相照的江湖豪杰。纵览历史长河，正如清代诗人赵翼所说："江山代有才人出，各领风骚数百年。"各路人才犹如百花齐放，留下了无数让人难忘的身影。

在这些精彩的人物中，谁又是最智慧的那个人呢？诸葛亮？苏东坡？纪晓岚？……这个问题可不好回答，无论你说出谁的名字，都会有人来反驳你，并举出别人的例子："你看，他也不差！"

但是，如果你说出这两个字，大多数人便会哑口无言了。这两个字就是——"庄子！"

庄子是战国时期的大思想家，也是先秦道家的代表人物。道家与儒家的思想有很大不同，儒家主张积极入世，道家主张逍遥自在。庄子经常会编出一些寓言故事，来讽刺孔子和颜回这样的大儒。当然，他把儒家作为"靶子"，也能体现出二者之间微妙的思想渊源。庄子充满智慧的思想，主要记录在《庄子》这部书中。《庄子》一共三十三篇，《逍遥游》《齐物论》《养生主》《人间世》《德充符》《大宗师》《应帝王》这七篇，一般认为是庄子本人的手笔，称为"内篇";从《骈拇（pián mǔ）》到《知北游》这十五篇，一般认为杂糅（róu）了庄子后学的手笔，称为"外篇"；从《庚（gēng）桑楚》到《天下》这十一篇，不仅杂糅了庄子后学之作，还有一些真伪难辨的篇目，称为"杂篇"。其中"内篇"的部分，最为重要。

内篇		外篇		杂篇	
逍遥游	齐物论	骈拇	马蹄	庚桑楚	徐无鬼
养生主	人间世	胠箧（qū qiè）	在宥（yòu）	则阳	外物
德充符	大宗师	天地	天道	寓言	让王
应帝王		天运	刻意	盗跖	说剑
		缮性	秋水	渔父	列御寇
		至乐	达生	天下	
		山木	田子方		
		知北游			

作为中国历史上最重要的思想家，庄子深刻的思考，广博的视野，奇妙的想象，幽默的话语，他从内心深处流淌出的无尽智慧，都给我们带来了非常重要的心灵启发，让我们为之倾倒，为之折服。

在这本小书中，我会与你一起读《庄子》，与你一起走进庄子的心灵世界。

庄子

庄子，名周，庄子是对其尊称。战国时期充满智慧的大思想家，道家学派代表人物。他常年隐居，拒绝了楚王拜相的请求，在逍遥自在的人生中，观察天地宇宙、人间万象，展现出高妙自如的思想境界。

惠子

惠子，名施，惠子是对其尊称。战国时期重要的名家学者，思想家、政治家，被魏惠王重用。他是庄子的好朋友，也是庄子最重要的论敌之一。

屠羊说（yuè），楚国人，以屠羊为生。在楚昭王流亡与复国的过程中，立了大功，但却不受赏赐，选择了自在的隐居生活。

纪渻（shěng）子，齐国人，善于驯兽。曾为齐王训练斗鸡，以"呆若木鸡"为斗鸡的最高境界。

轮扁

轮扁，齐国人，以做车轮为生。曾经讽刺齐桓公读的圣贤之书，皆为糟粕（zāo pò）。

庖丁

庖（páo）丁，魏国人，一代大厨，曾为梁惠王解牛。在解牛中，展现出把握万物之理的大智慧。

目录

一、庄子的小故事

关于庄子的生平，古书中的记载很少，史实和寓言夹杂在一起，让人难辨真伪。他并没有游说诸侯，走上时代舞台的中央，而是以隐者的身份，悄悄地观察着，思考着，批评着。

也许，庄子就是这样的一个人，他更希望人们读懂自己的智慧，而不是关注自己的故事。尽管如此，在庄子为数不多的生平故事中，也为我们展现出他精彩睿（ruì）智、超凡脱俗的人生。

（一）庄子是个啥样的人

庄子姓庄名周，他是战国中期的思想家。

根据《庄子》的记载，庄子与梁惠王、齐宣王处在同一个时代，和儒家的孟子大致同时。不知道这两位大思想家是否见过面，是否曾展开激烈的辩论。庄子出生在宋国一个叫"蒙"的小县城，位于今天安徽省的北部。宋国离楚国很近，在春秋战国时属于"南方之地"——浩瀚的长江，波光粼粼的云梦湖，茂盛的森林，富饶的物产，各式各样的飞禽走兽，抑或是远方无尽的大海，覆盖苍穹的浓浓云彩，南方中国的风土人情，都曾出现在庄子笔下，为他的哲学思考带来源源不断的灵感。

　　古往今来的大哲学家、大思想家们，大多沉浸在自己的精神世界之中，对现实的问题并不在意。因此，不少人都是一贫如洗，庄子也不例外。在他的时代，儒家的孟子正在游说各国，得到了梁惠王、齐宣王的尊重；墨家的墨子门徒遍布天下，形成了强大的学派势力。但庄子先生呢，却是一个十分贫穷的人。他住在简陋的小巷子里，破旧的屋子透风漏雨，偶尔给人织几双草鞋，维持生计。据说，他也曾做过管理漆园的小吏，但这个职业似乎并不稳定，不能

一起读庄子

给他提供固定收入。在年景不好的时候，庄子连自己的温饱都无法解决。他时常吃不饱饭，形容枯槁，身材瘦削，穿上宽大的衣袍，却显得别有一番仙风道骨。尽管已经面黄肌瘦，但他的眼睛却始终清澈明亮，仿佛能看清世间的一切。

生活的坎坷，并不能消磨庄子的志气与风骨。在《庄子》中，描述过一个他"借钱"的小故事：

庄周家贫，故往贷粟于监河侯。监河侯曰："诺。我将得邑（yì）金，将贷子三百金，可乎？"庄周忿然作色曰："周昨来，有中道而呼者。周顾视，车辙中有鲋（fù）鱼焉。周问之曰：'鲋鱼来！子何为者邪？'对曰：'我，东海之波臣也。君岂有斗升之水而活我哉？'周曰：'诺。我且南游吴越之王，激西江之水而迎子，可乎？'鲋鱼忿然作色曰：'吾失我常与，我无所处。吾得斗升之水然活耳，君乃言此，曾不如早索我于枯鱼之肆（sì）！'"

——《庄子·杂篇·外物》

庄子一贫如洗，打开家里的米缸，里面已经空空如也。没办法，只好去找监河侯去借点儿粮食。这位"监河侯"是谁呢？顾名思义，"河"是黄河的意思，他是掌管黄河的大人物！

庄子虽然是普通百姓，但智慧的名声已经广为传播。因此，监河侯毫不犹豫地接见了他。见到地位显赫的监河侯，又是有求于人，庄子的态度却一点儿也不卑微。他站在金碧辉煌的宫殿里，对监河侯说："今年收成不好，家里没有粮食了，我来向您借粮。"

监河侯看着衣衫褴褛（lán lǚ）的庄子，眼珠子转了转，说道："没问题！等到年终的时候，我把税收上来，到时候手头有的是钱，我借给你三百两黄金，怎么样？"

三百金！听上去不是一笔小数目，但这要等到年终岁末，监河侯这是给庄子"画大饼"啊。问题在于，庄子不需要这么多钱，他是需要粮食救急。监河侯看似慷慨的许诺，反而是没有诚意的表现。庄子有些生气，但他没有直说，而是给监河侯讲起了故事。

"话说，我来魏国的路上，碰到了一件神奇的事情。我见到了一条会说话的鱼！"

"真的假的，鱼还会说话？"监河侯好奇地问。

"当然是真的！我昨天正在赶路，突然听到有个声音在叫我。我左看右看，没有别人；低头一看，原来是道路中间的一条小鱼在说话！它躺在马车轧过的车辙里，已经奄奄一息了。"

"它对你说什么了？"

"小鱼说：'我本是东海中自由自在的鱼儿，不想沦落到此地，眼看就要渴死了，您能不能给我一点儿水喝？'"

"哦，那您是怎么回答的呢？"监河侯更加好奇了。

"我说，没问题！我现在就去南方，游说强大的吴王、越王，让两国合力引西江的水过来迎接你，怎么样？"

不知你听出来了没有，庄子这话是在讽刺监河侯。东海的小鱼，到不了地处中原的魏国，大海中的咸水鱼，也不能用淡水救命——这是庄子编出来的一个寓言。但监河侯还是懵（měng）懵懂懂，继续追问："您提出的解决方案，这条小鱼满意吗？"

"满意什么啊！小鱼非常愤怒，它对我说：'我不是向你乞讨，

我只是一时遇到困难，没有办法，只好来向你求助。俗话说，远水解不了近渴，等江水引过来，我早就渴死了！您在卖鱼干的店铺里和我再见面吧！'"

监河侯还是没听懂庄子的讽刺，继续问道："然后呢？"

庄子微微一笑："然后啊，您在卖鱼干的店铺里和我再见面吧！"说完了这句话，他骄傲地转身而去，留下了若有所思的监河侯，远远看着庄子潇洒的身影。

庄子就是这样一个洒脱的人，虽然一贫如洗，要面对生活的无奈，却始终能保持一份哲人的自信与幽默。

富饶奇幻的南方中国

　　古代的南方中国，是充满着珍奇异宝的梦想之乡，也是孕育着各种传说神话的奇幻世界。司马相如《子虚赋》写楚王在云梦泽出猎的奇景，山水林泉，香花嘉树，珍奇异兽，奇石美玉，极尽南方中国的美丽与富饶。翻开《楚辞》《淮南子》，来去飘忽的神人仙子，遮天蔽日的大鱼巨鸟，宇宙之间处处充斥着奇幻的色彩。庄子非凡的想象力与曼妙的文笔，正与南方中国的风物与文化密不可分。

（二）泥泞中的大乌龟

　　庄子一贫如洗，这可不代表他没本事，也曾有国君来请他出山，还带来了丰厚的聘礼。但对庄子而言，无拘无束的隐者生活更有吸引力。在他心中，没有什么比生命中的自由更为重要。

　　在《庄子》中，有这样一个小故事：

> 庄子钓于濮水，楚王使大夫二人往先焉，曰："愿以境内累矣！"庄子持竿不顾，曰："吾闻楚有神龟，死已三千岁矣，王巾笥（sì）而藏之庙堂之上。此龟者，宁其

一起读庄子

死为留骨而贵乎，宁其生而曳尾于涂中乎？"二大夫曰：
"宁生而曳尾涂中。"庄子曰："往矣！吾将曳尾于涂中。"

——《庄子·外篇·秋水》

　　有一天，庄子正在濮水旁边钓鱼，楚王派来了两位使者，他们都是楚国的大夫。楚国是当时天下最为富强的国家，有方圆五千里的土地，浩浩荡荡的百万雄师，国库里装满了各种奇珍异宝。楚国使者头戴高冠，身穿华贵的长袍，拿着珍贵的礼品求见庄子。见到庄子破旧的衣衫，他们不禁愣了一下，但还是恭敬地表达了楚王的请求："庄子先生，楚王拜托您，让您来治理楚国！真是给您添麻烦了啊！"

　　楚王请庄子来治理国家，请他担任地位尊贵的"令尹"，这可是多少人梦寐以求的高位啊！没想到的是，庄子手持竹竿继续钓鱼，连头也没回一下。楚国使者有些纳闷，庄子这是什么意思呢？他是高兴得不知道说什么了吗，还是被我们大王的诚意打动，正在热泪盈眶呢？否则的话，为啥不理我们呢？

　　正在他们忖度（cǔn duó）之际，庄子缓缓地开口了："两位贵使，跟你们打听个事儿。我听说楚国有一只巨大的神龟，已经死了三千年了。楚王把神龟藏在镶满宝玉的匣子里，上

面还盖着柔软的丝绸。有这个事儿吗？"

咦，明明谈的是出仕治国的事儿，庄子先生提乌龟干什么？他的思维真跳跃！楚国的使者有些发蒙，但顾不上多想，赶紧回答庄子的问题："有的有的，这个大乌龟是我们楚国的传世之宝，十分尊贵！我们也只在国家发生大事的时候，见到过楚王用它占卜。"

"嗯，那我请问二位，如果你们是这只大乌龟的话，是愿意被人杀死，让自己的龟壳被楚王珍藏呢，还是愿意一直活着，在泥潭中摇着尾巴，自由自在地爬来爬去呢？"

是死是生？两位楚使毫不犹豫："还是活着好！哪怕在泥潭中摇尾巴，毕竟也能享受生命的自在啊！"

庄子笑了："你们说对了！那就请回吧。我也要在泥潭中摇尾巴呢！"

两位楚使面面相觑，他们对庄子的回答，竟成了自己被拒绝的理由——以子之矛，攻子之盾。没办法，他们垂头丧气地告别了庄子，回国向楚王复命："大王，算了吧！别请庄子出山了，人家说了，正忙着在泥潭里摇尾巴呢。"不知道楚王听了这个回答，会不会有摸不着头脑的感觉。

说起来，类似的话庄子说过不止一次，《庄子·杂篇·列御寇》中记载，也曾有别的国家来聘请庄子，庄子说："你们见过太庙里用来祭祀的牛吗？人们给它身上披上精美的刺绣，用最嫩的草料来喂养它，仿佛过得十分幸福。但在祭祀那天，它被牵进太庙，马上就要宰杀之时，纵然是想做一只原野上流离失所的小野牛，还有那个可能吗？"——算了吧，算了吧，我可不做祭祀的大肥牛！

问题在于，入朝为官为什么有这么大的风险？做楚国的令尹，难道就一定要像大乌龟、大肥牛那样，最终被无情地宰杀吗？想要

一起读庄子

回答这个问题，必须要了解庄子的时代。在战国时期，无论各国之间还是诸侯内部，政治斗争都十分激烈。在史书的记载中，政变、篡（cuàn）位、阴谋、权术往往可见，位居高位者虽然骄奢淫逸，但随时都有丧命的危险。正因如此，在庄子看来，隐居是为了生命的自我保全！

更重要的是，自由洒脱的生活意味着生命的完整——出仕做官，难免要委曲求全、小心翼翼，让自己适应朝廷上的尔虞我诈，这种充满"机心"的心灵状态，毫无疑问是在戕（qiāng）害一个人最宝贵的"天真"。要知道，生命的保全不仅是要活下去，更要活出天真，活出自在，活出一种小孩子式的单纯。否则的话，真有一种"生不如死"的感觉。因此，庄子宁愿"曳尾于涂中"，在贫穷的人生泥潭中逍遥自得地摇尾巴了。

知识小贴士：

龟甲是怎么用来占卜的？

古人很早就开始用龟甲进行占卜了，安阳殷墟出土的大量商代甲骨，提供了丰富的可供参照的实物资料。在占卜的时候，古人会挑选乌龟腹部的甲壳，洗净平整之后，在龟壳上抠出几个小洞，用火灼烧。经过灼烧的龟甲噼里啪啦地裂开，产生各种形状的裂纹，古人观察这些裂纹的形状，来判断事情的吉凶。在甲骨文中，"卜"字写作Ɣ，这描摹的就是龟甲裂纹的样子。

（三）庄子的好朋友——惠子

庄子虽然是一个清高而孤独的人，但他也有自己的好朋友，这个人就是惠子。

惠子名叫惠施，他是战国时期著名的思想家、政治家。古人把先秦时期的不同学派称为"九流十家"，惠子是"名家"的代表人物。

什么是"名家"呢？他们是一群非常出名的人吗？不是的。

"名"有"名字、名称"的意思，一个事物的"名称"要和它的"实际"相符，这叫"名实相符"。"名家"的拿手好戏，就是辩论一件事情是否"名实相符"。辩论着，辩论着，他们的口才就越来越好，也越来越熟悉逻辑的道理。因此，"名家"逐渐发展为中国最早的辩论家，也是中国最早的逻辑学家。如果小朋友们参加过辩论比赛，你也可以说自己是一个小"名家"。

惠子善于辩论，经常和别人一说一整天，累得口干舌燥。庄子曾经说他："你看看你，每天靠在大树上，和人激烈辩论，说累了，就靠着大树睡上一会儿，醒来就继续辩论。你一点儿也不知道养神的道理，实在是太耗费自己的生命力了。"惠子听了，不以为然地说："我就是喜欢和人争论，享受那种战胜别人的快乐。"庄子听了，摇了摇头，拿这位老朋友一点儿办法也没有。

庄子与惠子都是大思想家，他们之间既惺惺相惜，互相欣赏，也有一种"论敌"式的竞争关系。两个人观点不同，经常会有思想上的冲突，也会展开针锋相对的辩论。惠子虽然能言善辩，但未必是充满智慧的庄子的对手。在《庄子》中，记载了不少他们之间的"交锋"：

> 惠子相梁，庄子往见之。或谓惠子曰："庄子来，欲代子相。"于是惠子恐，搜于国中三日三夜。庄子往见之，曰："南方有鸟，其名为鹓鶵（yuān chú），子知之乎？夫鹓鶵发于南海而飞于北海，非梧桐不止，非练实不食，非醴（lǐ）泉不饮。于是鸱（chī）得腐鼠，鹓鶵过之，仰而视之曰：'吓！'今子欲以子之梁国而吓我邪？"
>
> ——《庄子·外篇·秋水》

惠子曾被魏惠王重用，做了魏相，成为了一人之下、万人之上的高官。庄子听说了，也替老朋友高兴，便去魏国看望他。没想到的是，有人向惠子进谗言："庄子那么聪明，他来到魏国，没准就把您的相位抢走了。"

惠子一听，心里想，不至于吧，庄子是我的老朋友，他是个清高的隐士。但转念一想，他还是有些不放心，万一庄子动了做官的心思，自己可争不过他。于是，惠子高声说道："来人！你们去魏国的交通要道，帮我把庄子接来。不能让他自己先见到魏王！"

于是，惠子的手下漫天撒网，寻找庄子，找了整整三天三夜。

庄子听说了，长叹一声："老朋友啊，你还是不了解我！不用你找我，我主动去见你还不行吗？"

几天之后，惠子还在等手下的消息，没想到，看门人匆匆来报："大人，大人！庄子来了，就在大门外！"

啊，庄子自己来了："快请，快请！"

数年不见，惠子的头发已经花白了，辩论也好，做官也好，都是辛苦的事儿。庄子呢，他的衣衫也更加破败不堪。老友相见，既

高兴，又感慨，寒暄了一阵，惠子问他："庄周啊，你一路从宋国赶来，有没有什么有趣的见闻呢？"

"有啊！楚国有一种叫鹓鶵的大鸟，其实就是人们说的凤凰，不知你见到过没有？"

"没有。真有这种大鸟吗？"惠子有些疑惑。

"有的！这种大鸟非常有气概，它每年从南海飞往北海，要飞几万里那么远。这一路上，它不是梧桐树不栖居，不是竹子的果实不吃，不是甘甜的泉水不喝。不干净的食物，碰都不碰一下！"

惠子听了，心中向往，鹓鶵万里迁徙，却还能保持饮食的绝对干净，这是怎样高洁的一只大鸟啊！没想到，庄子话锋一转："有一天，鹓鶵遇到了一只猫头鹰，你猜怎么着？"

"它们之间发生了什么事儿？"惠子问道。

"这只猫头鹰刚刚得到一只腐鼠——烂耗子，看到鹓鶵从天

上飞过，它心中一紧，这个大鸟，是不是来抢我的死耗子？！于是，它仰天大叫：'嘎！嘎！嘎！不要跟我抢！'你说可笑不可笑！"

惠子听了哈哈大笑，这只猫头鹰真够蠢的。笑着笑着，突然觉得有些不对，庄子给我讲这个故事，莫不是……他一下子笑不出来了，转头看着庄子，想要问他："庄周，你给我讲这个故事，啥意思？"

再看庄子，他微笑着对惠子说："亲爱的老朋友啊，你如今是想要为了魏国的相位，跟我嘎嘎嘎吗？魏国的相位，对我来说，不过是一只烂耗子呢！"

哎呀！惠子一跺脚："真是的，我一念之差，成了心胸狭窄的猫头鹰了……"

 知识小贴士：

巧言善辩的惠子

惠子机智善辩，巧舌如簧。《庄子·杂篇·天下》记录了惠子的十个诡辩命题，其中一个叫作"日方中方睨（nì），物方生方死"。睨，就是斜的意思。这句话的意思是，太阳每天升到正中点的时候，立马就要向西斜了；而与之相对的，任何事物在刚刚产生的时候，就要奔着死亡去了。也就是说，太阳无所谓中或斜，万物也无所谓生或死。这番话乍听起来很有道理，但是仔细一想，照惠子的思路延伸下去，岂不是所有事物都不再有确切的定义，而世界的秩序也就不复存在了吗？惠子的诡辩在这里暴露无遗。

（四）庄子见魏王

　　惠子错怪了庄子，心中有些不好意思，便积极地把他引荐给魏王，希望庄子能得到魏王的重用。魏王听惠子描述了庄子的事迹，也想认识一下这位智慧的哲人。于是，庄子和魏惠王见面了。

　　与一国之君会面，总要穿得正式一些，没想到，庄子还是那样不修边幅。他拒绝了惠子给的华贵衣裳，穿着粗布做的衣服，上面还有好几个补丁，脚上的鞋子漏了个大洞，没有鞋带，用麻绳简单捆一下，大摇大摆地来到魏王面前。

　　魏王看了庄子的模样，心里有些别扭。惠施啊惠施，你说你的朋友是天下奇才，可他怎么潦倒成这个样子？于是，他问庄子道：

"庄子先生，您怎么这般穷困潦倒？"

"哎，什么穷困潦倒，我不过是缺点儿钱而已。对一个哲人来说，无法实现自己的人生价值，那才是穷困潦倒。衣服破烂，鞋子有洞，这不过是缺钱，算不上真正的困境！说白了，我是没碰到好时候啊！"

魏王听了，不以为然，心里想，你都穷成这样了，还跟我嘴硬！他问庄子："什么叫没碰到好时候呢？"

庄子淡然一笑，说道："您见过山中的小猴子吧。它们生活在茂密的大森林里，周围都是高大的树木。小猴子在树上自由地跳来跳去，还能用藤条荡秋千。这个时候，它们就是森林之王，哪怕是来了后羿、逢蒙这样的神箭手，也伤害不了它们。"

想到猴子自由灵活的样子，魏王的嘴角浮现出一丝微笑。

"小猴子要是活在荆棘之中，身边都是有刺的枝条，它们还能那么自由吗？可怜的小猴子啊，一定是哆哆嗦嗦、小心谨慎，再也跳不起来了。要知道，这可不是小猴子变笨了，而是它们的生活环境变了。这就是我说的时势不同。"庄子接着说道。

嗯，魏王点点头："想不到，您还挺懂猴子的。"

"我更懂人，更懂这个时代啊！"庄子说，"今天这个时代，可比荆棘还要危险。国君昏庸，大臣作乱，活在这个黑暗的时代里，我怎么能不穷困呢？穷困都算是好的，当年商纣王的大臣比干，忠心耿耿，直言进谏，结果被纣王剖心而死，更是我的前车之鉴啊！"

好家伙！魏王恍然大悟——原来庄子讲小猴子的故事，是为了讽刺我！你是可爱的小猴子，我们魏国是荆棘丛生的凶险之地！太不像话了！还拿昏庸无道的商纣王跟我对比，更是可恶！

魏王很生气，庄子这样的人，没法任用！"话不投机，速速退下！看在惠子的面子上，我不难为你，算是便宜你了！"

庄子呢，他本来就没有做官的愿望，求见魏王，就是为了抨击魏国混乱的朝政。话说完了，他向魏王作揖行礼，飘然而去，头也不回地离开了魏国的宫廷。

知识小贴士：

魏惠王何许人也？

魏惠王是一代明君魏文侯之孙，在战国年间是一位响当当的人物。在年轻的时候，魏惠王带着强大的魏武卒大杀四方，秦、齐、赵诸强都被魏国死死地压制着。到了晚年，魏惠王开始连连吃瘪，用他自己的话说就是"东败于齐，长子死焉；西丧地于秦七百里；南辱于楚"（《孟子·梁惠王上》），特别是在桂陵、马陵两场大战中惨败于田忌、孙膑率领的齐军，使魏国元气大伤，再也不复当年之勇。庄子、孟子等著名思想家都与魏惠王打过交道，从这些交锋片段中，也许能够感受到这位中道而衰之君的悲愤和无奈吧。

（五）子非鱼，安知鱼之乐

庄子不求出仕，讽刺了魏王之后，还在魏国住了一阵。他与惠子讨论学术，辩论交锋，倒也自得其乐。有时候，他们二人还结伴

出门，游山玩水，十分快活。

这一天，他们一起到了濠（háo）水边上，清澈的河水映照出水边的树木、花草，甚是好看。远远望去，还有一座小桥横跨两岸。庄子和惠子兴致很高，走，去桥上游赏一番！

> 庄子与惠子游于濠梁之上。庄子曰："鲦（tiáo）鱼出游从容，是鱼之乐也。"惠子曰："子非鱼，安知鱼之乐？"庄子曰："子非我，安知我不知鱼之乐？"惠子曰："我非子，固不知子矣；子固非鱼也，子之不知鱼之乐，全矣！"庄子曰："请循其本。子曰'汝安知鱼乐'云者，既已知吾知之而问我，我知之濠上也。"
>
> ——《庄子·外篇·秋水》

庄子和惠子一起来到了濠水的桥上，河水清澈见底，小鱼儿在水中游来游去。此情此景，让人心旷神怡。

"这些鱼儿自由自在，游得好快乐。"庄子开心地说道。

"你又不是鱼，你怎么知道鱼快乐？"惠子说。

"哎呀，那你也不是我，怎么就知道我不知道鱼快乐？"庄子说。

"我不是你，自然不懂你，照此类推，你不是鱼，你也不知道鱼是否快乐。这是完全确定的。"惠子说。

"让我们从最根本的道理说起！你说'你怎么知道鱼快乐'这句话，就说明你已清楚我知道，所以才来问我是从哪儿知道的。现在我告诉你，我是从濠水的桥上知道的——我与天地万物本为一体，逍遥自在，当然知道鱼儿的快乐。当我走上桥头，看见小鱼的

刹那，我的内心怦然一动，用自己的直觉体验到了鱼儿的快乐，不行吗？"庄子说。

这对老朋友真有意思，他们的聊天跟"抬杠"差不多，也许这就是大思想家之间的交往方式吧。不过，从他们"顶来顶去"的话语中，我们也能悟出深刻的道理：惠子是名家，也就是逻辑学家，他是在用逻辑推理来反驳庄子。但在庄子看来，感受快乐是一件简单而直观的事情，体会生命中的自由自在，为什么一定要讲道理、讲逻辑呢？为什么一定要运用复杂的辩论思维呢？所以，庄子要回到问题的根本——人的快乐一定来自推理计算吗？

这是庄子带给我们的重要启发：人需要理性，有很多事情要讲道理、讲规矩，但在推理和计算之外，还有没有同样重要的精神世界呢？有！那就是灵性带来的自由与快乐。不知你是否体会过那种时刻，在一瞬间，灵光一闪，我们摆脱了所有的理性、思辨、推论、逻辑，但心中又十分敞亮通透，快乐充满了心田。

这种体会，就是来自审美的快乐。就像我们去春游一样，欢天喜地走进大自然，自由自在地四处奔跑。突然间，眼前出现了一朵刚刚绽放的小花，它的颜色是那么美，姿态是那么轻盈，看着小花在春风中摇曳，我们的心中也"心花怒放"，快乐得不得了。这个时候，享受花开之美，体会春光中的快乐，还需要逻辑和思辨吗？

当然不用！

在与惠子的对话中，庄子告诉我们，人类的思考和理性固然重要，但我们的悟性、审美与刹那间的灵光闪耀，也同样意义非凡。

"天地有大美而不言" ——
自由蓬勃的自然之美

在庄子看来，自然之美是难以言说的。《庄子·外篇·知北游》中说："天地有大美而不言，四时有明法而不议，万物有成理而不说。"天地万物按照自然之道自由生长，遵循着成长变化的天然规律，这种蓬勃的秩序本身，即蕴含了无尽的"大美"，无须再用任何言辞、理智加以辨析雕琢。圣人能做的，也只有"观于天地"、悉心体察万物而已。自然天成、不加雕饰，这就是庄子眼中的自然之美。

（六）庄子论剑

庄子不仅到过魏国，也曾经到过赵国，这更是一个精彩的故事。

当时，赵国的国君是赵惠文王，他有一个特殊的爱好——喜欢招募武士，看他们比剑取胜。这是一位尚武的国君！在当时，赵王门下的剑客有三千多人，他们日夜相续，不断展开激烈的比武，哪怕是"点到为止"，每年也有上百人在比武中受伤，甚至丧失了性命。赵王是个"武侠迷"，赵国便成了比武场。国君沉溺其中，大臣

一起读庄子

们也跟着仿效，几年下来，赵国的国事一塌糊涂，周围的国家也虎视眈眈，想要瓜分赵国的土地。

国家衰败，赵国太子看不下去了，他忧心忡忡，向各国的能人智士重金悬赏。

"各位高人，如果有人能劝谏我父王，让他励精图治，不再狂热于比剑，我愿意用千金来答谢！"

重赏之下，必有勇夫，很快就有人告诉太子："去找智慧的庄子先生，他一定能帮你！"于是，赵国太子命人拿着千金厚礼，找到庄子。听说了赵国的事儿，庄子放下钓竿："好吧，我跟你们走一趟，但千金你们留下，我不要！"

见到太子，太子又提起了千金厚礼，庄子爽朗地笑了："我来帮您游说大王，要是失败了，恐怕性命也将难保，要钱做什么？如果游说成功，再赏不迟。"

"也好！"太子说，"我想请您劝说父王，但他只肯接见那些勇猛的剑客，您这文质彬彬的样子，还穿着读书人的衣服。唉，恐怕父王不会见您啊！"

哈哈哈，庄子大笑道："太子，你是不知道啊，我本是绝世的剑客！正好，让赵王看看我的剑法如何。"

"您是剑客？不像啊！"太子看着庄子清癯（qú）的样子，心中犹豫不已，"我父王喜欢的剑客，都是那种彪形大汉，头发散乱，眼睛瞪得像铜铃一样，张口便是喊打喊杀，仿佛和谁都是死敌一样。您太文弱了，恐怕不行……"

"没关系，给我做一身剑客的衣服。三天之后，求见赵王！"

三天之后，庄子换上剑客的服装，在太子的陪同下，见到了赵惠文王。他昂然走进大殿，举步从容，见到赵王亦不下拜。庄子虽然瘦弱，但双目神光湛（zhàn）然，似乎深不见底，又有这般闲庭信步的潇洒气度，赵王也不禁为之折服："先生能让寡人的太子亲自陪同，必有过人之处。您有什么想对寡人说的吗？"

"我听说大王喜好剑术，便以剑求见！"

"先生剑法如何？"

"十步杀一人，千里不留行！"

一起读庄子

啊！十步一人，迎接挑战，一路杀去，千里之远无人能敌，这可是天下一等一的高手！赵王又惊又喜："如您所说，真是天下无敌了！"

庄子点点头："不错，我的剑法神妙莫测，能够后发先至——后出招，先破敌！您要不信，可以找人与我比试！"

"不急不急，我先选拔出高手，才配与您论剑。"赵王请庄子先回旅舍休息，自己召集剑客，连夜比试，大战七日七夜，死伤六十多人，才选出了五六名高手。于是，赵王派人隆重地请来了庄子。

庄子悠闲地走上大殿，这五六名剑客一个个神情紧张，手按宝剑，狠狠地看着他。庄子却浑若不觉，走到赵王面前，轻轻地行了一礼。

真是高手啊！这气场便超凡脱俗！赵王心中由衷赞叹。他问庄子："先生平日所用，是什么样的宝剑呢？"

庄子说："什么剑都能克敌制胜！但我有三种宝剑——天子之剑、诸侯之剑、庶人之剑，不知大王想让我用哪一种？"

"真新鲜！"赵王第一次听说这三种剑的名字，"什么是天子之剑呢？"

"所谓天子之剑，用燕国的坚城做剑锋，用齐国的泰山做剑刃，用晋国和魏国做剑脊，用周国和宋国做护手，用韩国和魏国做把手。这把宝剑，威震四海，有阴阳四时之妙，一旦挥舞起来，一往无前，上能砍断浮云，下能斩破大地。能够匡定诸侯，威服天下，这是天子剑的大境界！"

赵王听了，内心震撼不已，天下之大，还有如此神剑！"那什么是诸侯之剑呢？"

"所谓诸侯之剑，用勇猛之士做剑锋，用清廉之士做剑刃，用贤

良之士做剑脊，用忠诚之士做护手，用豪杰之士做把手。这把宝剑，勇往无前，上与日月星辰相合，下与山河大地相配，中能安顿黎民百姓。它一旦挥舞起来，如有雷霆之威，一国之内，无不听命，这是诸侯之剑的大境界！"

天子之剑威震四海，诸侯之剑威震一国，赵王依旧深感震撼。神摇目眩之际，他喃喃地问庄子："那什么是庶人之剑呢？"

庄子脸上浮现出一丝淡淡的嘲笑："所谓庶人之剑，很简单，他们头发散乱，眼睛瞪得像铜铃一样，张口便是喊打喊杀。在大王面前拼死相斗，或者砍断头颅，或者刺破肝肺，这种剑客，和斗鸡又有什么区别呢？一旦命丧当场，对国家又能有什么功劳呢？大王不用天子之剑，不用诸侯之剑，却唯独喜欢用庶人之剑，我都替您感到羞愧啊！"

"哎呀，寡人竟然如此不堪！"听了庄子的话，赵王羞愧不已，

在地上转来转去，连饭都吃不下去了。庄子静静地说："大王少安毋（wú）躁，我的剑法说完了，还请深思！"话说完了，他离开了赵王的宫廷，也没有领取太子千金的厚礼，而是悄悄地离开了赵国。赵王呢，他怅（chàng）然若失，深深地明白了自己的可笑，三个月不出宫门一步，反省过往。那些勇猛的剑客，觉得在赵国再无前途，一个个羞愤不已，甚至有拔剑自刎的。

庄子并不会剑术，但他的思想之剑，比干将莫邪（yé）的宝剑还要锋利。面对赵王的"痴迷"，他并没有从正面劝谏，而是顺着他的喜好，借机给他展现天子之剑、诸侯之剑的大境界，用精彩奇幻的比喻让赵王由衷折服。在庄子的思想中，有各种各样的广大境界，值得我们不断地深入探索。

知识小贴士：

传奇名剑——干将莫邪

据《列士传》《搜神记》等记载，干将莫邪是楚国著名的工匠夫妇，奉命为楚王铸造宝剑，一雄一雌，亦名干将莫邪。干将很清楚，残暴的楚王为了保证铸剑的手艺不会外泄，一定会在宝剑完工之时杀掉自己。于是，他只把雌剑献给了楚王，而将雄剑埋在山中，叮嘱孕妻今后告诉儿子，自己也果不其然被楚王杀掉了。干将莫邪的儿子眉间尺长大后听闻了父亲的故事，掘出雄剑，准备为父报仇，但由于楚王早有戒备，始终不能得手。一位不知来历的客人找到眉间尺，自称可以为他报仇，但需要眉间尺献出自己的头颅。眉间尺毫不犹豫，以宝剑自刎。客人带着眉间尺的头颅来到楚王的宫殿，说明来由，楚王大喜。客人提出要用大锅来煮眉间尺的头颅，一连煮了三天三夜都没有煮烂。客人告诉楚王，需要大王亲自到锅边来看才能煮烂。楚王听罢来到锅边，客人以迅雷不及掩耳之势，用宝剑砍下楚王的脑袋，随即自刎。眉间尺、楚王、客人的三个头颅在大锅中搅在一起，难以分辨。眉间尺的杀父之仇，遂以这种戏剧化的方式最终得报。

（七）庄子丧妻，为何唱歌

庄子虽然孤独，但也有自己的家庭，有妻子，有孩子。真不知道是什么样的女子，能够陪伴在庄子身边，也不知道她是否理解庄子各种"奇奇怪怪"的想法。无论如何，关于庄子妻子的记载非常之少，民间故事中有相关的传说，也并不可信。

在《庄子》中，记载了庄子妻子去世的场景。听说庄子妻子去世了，惠子前去吊丧，想要安慰一下自己的老朋友。没想到，他看到了非常不堪的一幕，庄子"方箕踞（jī jù）鼓盆而歌"（《庄子·外篇·至乐》）。所谓"箕踞"，是两腿左右张开坐在地上，就像簸箕的样子，这是古代非常不礼貌的一种坐姿。当初荆轲刺杀秦王，失败之后，也是"箕踞"大骂，表示对秦王的鄙视与憎恨。

庄子本该悲哀不已，没想到他箕踞而坐，一边敲着瓦盆，一边唱歌！

一起读庄子

　　"太不像话了！"惠子看不下去了，陪伴自己多年的妻子去世，你庄周还能唱歌！"与人居，长子老身，死不哭亦足矣，又鼓盆而歌，不亦甚乎！"（《庄子·外篇·至乐》）庄周啊庄周，我们这位嫂夫人，跟你一起生活了这么多年，还给你生了儿子，现在她去世了，你不哭也就算了，居然还敲盆唱歌，是不是太过分了！

　　庄子长叹一声："不然！她去世的时候，我怎能不悲伤慨叹呢！但我仔细思考生死之间的道理，又觉得不值得悲哀啊！"

　　"你又有什么歪理？说出来听听！"惠子愤愤不平地说。

　　"老朋友，我们为什么会为死亡感到悲哀呢？因为死亡是生命的终止啊。但生死之间，真的有那么大的差别吗？人的生命，是天地之气变化的产物——气变化为形体，形体又消散为气，就像春夏秋冬的运行一样，自然而然，并无分别。在天地宇宙的广阔视野中，观察人的生死存亡，不过是气的自然变化，本无生死之别，又有什么值得哀伤的呢？"

原来，庄子不是无情，而是在天地宇宙的视角上，对人的生死有了一种特别的达观。大自然无穷无尽，宇宙浩瀚无涯，从这种至大至远的角度上观察人类，无论生死，都是那么渺小，也都符合自然的变化规律。那么，我们为什么要为此感到哀伤呢？庄子擅长"以大观之"——从宇宙的永恒视角理解当下的生活，很多固有的认识都会发生改变。庄子的智慧，犹如振翅高飞的大鹏，带领我们飞到宇宙的至高之处，审视着人间的种种执着。

当然，不是所有人都能理解这种豁达，惠子虽然理解了庄子的用意，但心中还是不满，眉头紧锁，有些生气地看着庄子。

庄子觉察到了惠子的心情："老朋友，别生气，我认识几个隐居的好朋友，给你讲讲他们的故事吧。"（见《庄子·内篇·大宗师》）

子桑户、孟子反、子琴张三个人做朋友。交朋友的标准有很多，有的人要一起成长，有的人要共同进步，有的人喜欢仗义疏财、互相支持。而他们三个人的交友标准，却格外与众不同。

他们说："我们交朋友，要保持一种若即若离的关系，大家既是朋友，也是陌生人；既要亲密往来，也要仿佛从不认识那样。"咦，这是什么朋友关系？既相处，又不相处？别着急，还有更"玄妙"的呢！

"朋友相处，要能'登天游雾'，一起追求最为高深的道理，在彼此相处的时候，仿佛能忘掉生死一样！"天啊，这是在交朋友吗？搞得如此神秘！别人不懂，他们三人却能心意相通，你看看我，我看看你，微微一笑，成为了最好的知己。

　　三人结交不久，子桑户就去世了，孔子听说了这个消息，让子贡去帮忙料理丧事。子贡来到子桑户家，满以为孟子反和子琴张会为好友去世悲痛不已，他还在想，我该如何安慰他们呢？没想到的是，这两个人一个在编织竹筐，一个在弹琴，两个人一起歌唱："子桑户啊子桑户，你已回归于大道之真，我们却还在世间为人。"

　　真不像话！朋友死了还能唱歌！子贡急匆匆走上前

去，大声呵斥道："子桑户尸骨未寒，你们却在他灵前唱歌，这种行为符合礼法吗？"

礼法？这是什么东西？孟子反和子琴张相视而笑，对子贡说："哎呀，你还是不懂什么是真正的礼啊！去吧，去吧，不要打扰我们！"

子贡拿他们毫无办法，只好回去向孔子抱怨："这都是些什么人啊！老朋友去世了，居然能在灵前唱歌！面不改色心不跳，我都不知道说他们什么好了。"

孔子长叹一声："子贡啊，他们这些人，不能用一般的规矩来衡量。怪我啊，不该让你去的。在他们看来，人与天地万物融为一体，拥有生命，就像身上生出一个脓包一样，是多余的事情。人死了呢，就像这个脓包破了，掉下来了。这样的人不被生死所限，逍遥于俗世之外。你我这样的普通人，是很难理解他们的境界的。"

子贡一脸茫然，若有所思。

听了这个故事的惠子呢，也是浑然不解。

庄子看着惠子，叹了口气："老朋友，你不理解的，超越了生死，才是生命的大自由啊！"话说完了，他扭过头去，继续沉浸在自己的哲思之中。

古人的居丧之容

古人在居丧之时有一套严格的行为规范，包括哭、踊、辟、拜等。根据《仪礼·士丧礼》的记载，无论是守丧的人还是吊丧的人，都要按照一定的步骤和位置，在死者的遗体前号啕大哭；而当哀痛难以自拔时，就会"踊"，也就是跳；边跳还要边"辟"，通"擗（pǐ）"，即捶打自己的胸膛；面对来吊丧的客人，主人还需要稽颡（sǎng）而拜，也就是磕头。对比之下，庄子死了妻子，不仅不哭不哀，甚至还"鼓盆而歌"，确实显得太不合规矩，也无怪乎惠子会看不下去了。

（八）孤独的哲人

惠子虽然是庄子的老朋友，但他并不完全理解庄子的思想。庄子是孤独的，尽管如此，有惠子这样的大思想家和自己不断辩论，庄子也不会完全寂寞。但命运无情，也许是与人辩论太辛苦了，惠子走在了庄子的前面，溘（kè）然长逝了。

惠子死后，庄子并没有流泪悲伤，在他看来，死亡不过是投入大自然的怀抱而已。他默默地为惠子送葬，回忆起朋友相处的点点滴滴，无论是"猫头鹰"的嘲讽，还是"子非鱼"的辩论，都是人生中难忘的记忆。

在《庄子》中，记载了他对这位老朋友的怀念之情：

> 庄子送葬，过惠子之墓，顾谓从者曰："郢（yǐng）人垩（è）漫其鼻端，若蝇翼，使匠石斫（zhuó）之。匠石运斤成风，听而斫之，尽垩而鼻不伤，郢人立不失容。宋元君闻之，召匠石曰：'尝试为寡人为之。'匠石曰：'臣则尝能斫之。虽然，臣之质死久矣。'自夫子之死也，吾无以为质矣，吾无与言之矣。"
>
> ——《庄子·杂篇·徐无鬼》

庄子为惠子送葬，驻足在惠子墓前，怅惘（wǎng）良久。他缓缓地回过头，对送葬的人们说："大家都不要太悲伤了，我给你们讲一个小故事吧。"

这个时候，庄子先生还要讲故事？不过，他们也都了解庄子与惠子的友情，听说过庄子说话的风格，也许，他的故事里有什么深意呢。"先生请讲，我们洗耳恭听。"

"很久以前，宋国有两个非常厉害的手艺人。一个擅长给墙刷漆，他穿着宽大的衣服刷一整天墙，身上一个泥点都没有。还有一个擅长用斧子，能做出巧夺天工的家具。他们两个的技术，都达到了神乎其神的水平，两个人名扬宋国，谁也不服谁。有一天，刷漆的匠人一不小心，在鼻子上落了星点儿白灰，像蚊蝇的翅膀那样大小厚薄。有意思的是，他也不擦，而是找到了做木工的匠人。你们猜猜，他是去干什么了？"

"他身上没带手巾？找木匠去借一块儿？"有人猜道。

一起读庄子

"不是，他找到了木匠，老伙计，看你的了。木匠看着漆匠的鼻子，哈哈一笑，操起一把锋利的斧头，唰的一下，信手挥去，就好像一阵风刮过，向白灰砍去！再看漆匠的鼻子，灰被砍得干干净净，连皮都没有擦破！"

"太神奇了！怎么有这么高明的手段！"大家赞叹说。

"过了很久，宋元君听说了这件事儿。他派人把木匠喊来，说：'听说你能用斧子砍掉鼻子上的一抹白灰，很厉害嘛！来，给寡人演示一下。表演好了，寡人重重赏你！'"

"木匠表演了吗？"大家好奇地问。

"唉，没有！木匠说：'我和漆匠两个人，既是对手，也是知己。当初漆匠在时，我的这手绝活儿能使出来。现在漆匠已经去世很久了，我的本事也就不知再展示给谁看了。大王恕罪，我再也使不出这么精彩的斧技了！'"

"可惜了，可惜了！"大家纷纷叹息。

庄子把目光投向了惠子的坟墓，心中暗暗地说："老伙计啊，我就是那个木匠啊！你不在了，我的口才与辩论、我的机智与灵感、我的豁达与智慧，又有谁懂呢？"

在庄子的一生中，他总是孤独的，时常陷入一个人的沉思之中。但某种意义上，这份孤独也成就了庄子，在沉静的思考中，他开拓出一个无比丰富的精神世界。这个世界包罗万象，囊括宇宙，有广大磅礴的鲲（kūn）鹏，也有微不足道的小虫；有名扬四海的圣贤，也有样貌奇特的怪人……

庄子丰富多彩、奇诡变幻的精神世界，都记录在《庄子》这部书中。介绍了这位有些孤独的哲人，接下来，让我们走进他的书中，领略他无限广阔的心灵世界。

知识小贴士：

古人的交友之道

一位好朋友，是一生的财富。古人对于交友之道也非常重视。《论语》中说："友直，友谅，友多闻，益矣。"在交友时，一定要选择那些正直、诚信、博学多闻的人做朋友，这样才能够互相裨益、一起进步。《礼记·儒行》这样描述儒者的交友之道："合志同方，营道同术；并立则乐，相下不厌。"好朋友之间往往有着共同的志向，为了这一目标并肩前行，无论相处多久都不会厌烦。有一群善良、聪明的朋友同行，确确实实是一件很幸福的事情啊！

二、生命的逍遥游

　　庄子的生命中，有一种逍遥自如的大境界，《逍遥游》正是《庄子》中的第一篇。面对种种束缚与强权，庄子都不以为意，犹如一缕清风，从人世的缝隙之中潇洒吹过。

　　庄子如何实现"逍遥游"的境界？逍遥的生命体现出怎样的自由之美？让我们与他一起，共同徜徉在智慧的江湖之中。

（一）海阔天空任逍遥

　　逍遥，意味着生命的大自由。在《庄子》中，这种彻底的自由境界，用一种诗意的笔触来展开，那就是《庄子》中的第一篇《逍遥游》。这是一篇充满精彩奇幻的想象的文字，你看：

　　北冥有鱼，其名为鲲。鲲之大，不知其几千里也；化而为鸟，其名为鹏。鹏之背，不知其几千里也；怒而飞，其翼若垂天之云。是鸟也，海运则将徙于南冥。南冥者，

"北冥"是北方的深海，"鲲"是一条巨大的鱼。鱼在水中自在游弋，已经非常自由了，但《逍遥游》中的鱼，与我们常见的小鱼还不同，它非常巨大！

庄子心目中的大鱼，有多么大呢？

鲲生活在"北冥"之中，"北冥"位于世界最北边，是一片幽暗深邃的大海。鲲的大小，超出了常人的生活经验，也超出了一般人的想象。"鲲之大，不知其几千里也；化而为鸟，其名为鹏。鹏之背，不知其几千里也"，这是多么巨大的一条大鱼啊！在纪录片中，我们可以看到大海中的蓝鲸，这是世界上最大的动物，最长可达三十多米，让人震撼不已。而这只大鲲，竟然有几千里之长，完全超出了人们的认知能力。庄子用"不知"两个字，传达出人类的渺小与有限。鲲不仅巨大，而且神奇，它浮出水面，变化为同样巨大的大鹏，鹏的后背也有几千里长呢。

鲲化为鹏，"怒而飞"——"怒"不是愤怒，而是大鹏奋起腾空的模样，充满了力量感。大鹏展翅飞出海面，巨大的翅膀完全伸展，充斥了整个天空。甚至连天空都容不下，它的羽翼从天空中直铺下来，就快要垂到大地上了——"其翼若垂天之云"。这是多么巨大的一只鸟啊！

我们可以想象一下：深蓝冰冷的北海中，一条巨大的鱼慢慢浮出海面，它有几千里长，无论如何远眺，都看不到它的边际。游

着游着，鲲开始生出巨大的翅膀，飞上高天，成为苍青色天空中巨大无比的大鹏。鹏的翅膀好像铺满天空的云彩，从天际一直垂到地面之上。

短短几句，精妙绝伦。庄子描绘出一幅闻所未闻的画面，让人神摇目眩，沉浸在精彩的想象之中。接下来，这只神奇的大鹏要做什么呢？

"鹏之徙于南冥也，水击三千里，抟扶摇而上者九万里，去以六月息者也。"大鹏拍打水面，巨浪滔天，击水三千里，再借着六月的飓风腾空而起，一圈圈盘旋而上，一直飞到九万里高空。青天在上，浮云在下，大鹏奋力展翅，从北海飞向遥远的南海，这是世界最南边的地方，也是深不可测的海洋。我们看到，大鹏不飞则已，一飞就从北冰洋飞向了南极洲，跨越了整个地球，这真是一次惊天动地的飞行。

真正的逍遥，真正的自由，就要像神奇的鲲鹏那样，有一种突破一切束缚、超越一切障碍的伟大力量。

问题在于，追求自由，为什么要弄得如此惊天动地？"偷得浮生半日闲"，喝喝奶茶，看看漫画，唱唱歌，开心地打游戏，不也是一种自由吗？

在《逍遥游》中，蝉和小斑鸠也是这么想的，它们嘲笑大鹏说："喂，大鹏！你看看我们，扑棱棱一下子起飞，碰到树木就停下，开开心心歇一会儿；有时或许连树都飞不上去，那就踏踏实实落在地上。你干吗花那么大力气，飞那么高，飞那么远？有什么意义呢？"

庄子通过二者的对比，抛给我们一个非常重要的问题：什么是真正的自由？在庄子心目中，自由是一种伟大的境界与气魄。会当水击三千里，扶摇直上九万里。它意味着高远的志向与追求，意味着突破自己的局限，突破环境的束缚，用最大的生命力来实现自己的人生理想。这种自由，具有一种非凡的英雄气概！鲲鹏的境界高远，这是生活在灌木丛中的蝉和斑鸠难以理解的。

　　历史上有这样一个故事，为我们展现出具有英雄气概的大自由。不知你有没有听说过陈胜这个人。他被认为是中国历史上第一位农民起义领袖，差点儿推翻了强大的秦王朝！陈胜少年的时候，家里非常贫穷，只能和一帮穷哥们儿一起帮有钱人家种地。有一天，他们耕完地，坐在田埂（gěng）上休息。陈胜一边擦汗，一边说道："苟富贵，无相忘。"（《史记·陈涉世家》）如果有一天，咱们谁富贵了，不要忘记老朋友啊！此言一出，伙伴们哈哈大笑："别做白日梦了，咱们是被雇来种地的长工，怎么可能有富贵的一天？"

　　陈胜听了，深深地叹了口气："燕雀安知鸿鹄（hú）之志哉！"你们这群小麻雀、小燕子，怎么能懂得天鹅高飞的远大志向呢！事实证明，陈胜是鸿鹄，不是燕雀。在他的时代，大秦帝国实行暴政，平民百姓苦不堪言，陈胜揭竿而起，奋起抗争，建立起一支强大的起义军，差点儿推翻了秦朝的统治。虽然他最终失败了，但毕竟成就了一番轰轰烈烈的事业，在历史上留下了响当当的名声。这份气概，这份勇敢，就像一飞冲天的大鹏，他的生命是极致的、自由的！

　　这种自由，是一种豪

迈的英雄气，也是一种昂扬的少年志气！我们读《逍遥游》，不仅要看鲲鹏神奇的变化，更要理解这种自由无畏、志存高远的生命境界。想当初，大诗人李白还是少年的时候，读了庄子的《逍遥游》，十分向往鲲鹏的气概，写下了一首诗：

大鹏一日同风起，扶摇直上九万里。
假令风歇时下来，犹能簸却沧溟水。
世人见我恒殊调，闻余大言皆冷笑。
宣父犹能畏后生，丈夫未可轻年少。

李白说："我虽然还是少年，但却志向满满。我就像大鹏一样，随风而起，直上九万里。哪怕风停下来，我飞下来，也能将大海掀起巨浪。这样自信的话，别人听了会笑话我，但孔子当年尊重有志气的年轻人，你们这些成年人啊，不要轻视有志少年！"李白真是壮志凌云，正是这份少年气象，这种昂扬自信的精神，让他写下了豪情万丈、千古相传的诗篇。

在《逍遥游》中，自由不是"躺平"，不是"摆烂"，而是一种昂扬自信、蓬勃立志的气象。这种鲲鹏的大气象，让我们克服一切眼前的困难，超越各种生活的障碍，突破了来自内心的纠结与胆怯，摆脱了自己对自己的束缚，从而获得真正的逍遥自在。

知识小贴士：

小与大是平等的吗?

翱（áo）翔九万里的大鹏鸟，与小小的斑鸠与知了相比，两者的境界差别很大。但是有意思的是，在西晋时期的思想家郭象看来，它们之间却没有什么本质区别。大鹏高飞，直上青天，这是它的"本分"；蝉和斑鸠在低矮的树枝上翱翔，也是它们的"本分"。用今天的话说，尽管高下不同，但它们都"成为了最好的自己"，也就没有什么高下之别了，既不需要羡慕对方，也不需要改变自己。郭象的这一观点被称为"适性逍遥"——做适合自己本性的事情，也就达到了逍遥的境界。小朋友们，你们对郭象的观点怎么看呢？

（二）去掉自我中心

逍遥游，是一种无拘无束、潇洒自在的人生境界，就像翱翔在九天之上的大鹏一样。想要实现这种彻底的自由，就要突破各种各样的障碍，摆脱各种各样的束缚。那么，什么样的束缚最牢不可破呢？

在庄子看来，心灵的束缚并不来自外界，而是来自我们自身。对于"自我"的执着，是自由最大的障碍。想要获得真正的逍遥，就要打破每个人的自我中心。

对此，充满智慧的庄子先生提出了一个很重要的境界，叫"吾丧我"（《庄子·内篇·齐物论》）。真有意思，"吾"也是自己，"我"也是自己，自己怎么能把自己给弄丢了呢？

什么是"吾丧我"？这是理解庄子的一个大问题。在他看来，"我"指的是一种自我中心的状态。对每个人来说，"自我"都是这个世界的中心。无论是待人接物，还是理解问题，都会情不自禁地站在"我"的角度进行思考——"我"喜欢玩耍，"我"喜欢吃好吃的，这件事儿让"我"很开心，成绩不好让"我"很难过。

尽管是人之常情，但在庄子看来，一个人要是过于执着于"我"，那就会让自我的有限感受，遮蔽对天地万象的全面理解。如果一个人的眼中只有自己，也就看不到丰富而完整的世界了。因此，需要"丧我"——这里的"丧"不是垂头丧气的意思，而是"忘"的意思。用"忘我"的智慧，来突破自我中心，获得精神上的大自由。当你超越了"小我"，不局限于自我的感受，也就能更好地理解别人、理解世界。

由"忘我"带来的精神丰富，正是走向心灵自由的起点。在《庄子》中，有一个很有意思的场景，为我们展现出"遗忘自我"的境界。故事的主人公是孔子和颜回，不用说，这是庄子编出来的寓言故事：

颜回曰："回益矣。"仲尼曰："何谓也？"曰："回忘仁义矣。"曰："可矣，犹未也。"他日复见，曰："回益矣。"曰："何谓也？"曰："回忘礼乐矣。"曰："可矣，犹未也。"他日复见，曰："回益矣。"曰："何谓也？"

一起读庄子

有一天，颜回对孔子说："老师，我有进步了！"

他的进步在哪里？是读书更多，还是更有仁爱之心了？都不是。孔子问他："是什么样的进步呢？"

颜回说："我把仁义都忘掉了！"孔子的弟子忘掉仁义，庄子的寓言真有意思，完全是反着说。

听了颜回的话，孔子微微点头："不错，但还不够。"

又过了几天，颜回又对孔子说："老师，我又有进步了！"

"哦，这次的进步在哪里呢？"

"我把礼乐都忘掉了！"哈哈，仁义礼乐，颜回都不要了。

孔子又点点头："不错，但还是不够。"

又过了些天，颜回又一次见到孔子："老师，我这次的进步更大了！"

孔子问："这次的进步又在哪里呢？"

颜回说："我达到了'坐忘'的境界。"

"嗯？什么是坐忘？"这个境界，连孔子也不明白了，他惊奇地问颜回。

"我忘掉了自己的身体，也忘掉了自己的聪明，无论身心，都不执着，从而与大道混同为一，这就是坐忘。"颜回说道。

"好啊！好啊！你与大道同为一体，就没有偏好；顺应万物变化，就不执滞常理而能逍遥自得。你果真成了贤人啊，我也要跟你学习呢！"孔子赞叹道。

　　颜回和孔子的对话有点儿"玄"！把仁义礼乐、身心自我，全部都遗忘了，这是怎样的一种境界啊！实际上，这就是《庄子》中"忘我"的智慧——舍弃了各种道德、规矩，突破了对自己身体与心灵的执着，彻底挣脱来自"小我"的束缚，也就拥有了根本的自由。

知识小贴士：

《庄子》中的孔子

孔子是儒家的圣人，但在《庄子》中也有着很高的出场率。在《庄子》一书中，孔子有着各种不同的形象：有时，他是一个充满智慧的圣人，教给颜回"心斋""坐忘"的道理；有时，他是一位和蔼慈爱的长者，谆谆告诫颜回不要到凶险的卫国去冒险；但有时，孔子又会成为被嘲讽的对象，被楚狂接舆嘲笑不合时宜，被叔山无趾批评不通至道。在庄子笔下，孔子就像万花筒一样，随场域不同，折射出不同的有趣色彩。

（三）无用的大葫芦

我们经常被教育要做一个"有用"的人，衡量一件事物的好坏，更要看它是否"有用"——木柴可以烧火，石头可以铺路，有用的东西是好的，如果没有任何用处，就是不折不扣的"废物"。根据是否"有用"来衡量世界，这种看法深入人心。但庄子却别出心裁地告诉我们，那些完全"无用"的东西，也有它的独特价值。

在《庄子》中，有这样一个小故事：

惠子谓庄子曰："魏王贻（yí）我大瓠（hù）之种，我树之成而实五石。以盛水浆，其坚不能自举也。剖之以为瓢，则瓠落无所容。非不呺（xiāo）然大也，吾为其无用而掊（pǒu）之。"庄子曰："夫子固拙于用大矣。宋人有善为不龟（jūn）手之药者，世世以洴澼（píng pì）绖（kuàng）为事。客闻之，请买其方百金。聚族而谋之曰：'我世世为洴澼绖，不过数金。今一朝而鬻（yù）技百金，请与之。'客得之，以说（yuè）吴王。越有难（nàn），吴王使之将。冬，与越人水战，大败越人，裂地而封之。能不龟手一也，或以封，或不免于洴澼绖，则所用之异也。今子有五石之瓠，何不虑以为大樽而浮乎江湖，而忧其瓠落无所容？则夫子犹有蓬之心也夫！"

——《庄子·内篇·逍遥游》

有一次，惠子愁眉苦脸地找到庄子："唉，老朋友，最近碰到了愁人的事儿！"

"什么事情让你发愁，说说看。"庄子说。

"别提了！前一阵子，魏王送给我一批大葫芦的种子。"

"这不是好事情吗？你愁什么？"庄子有些纳闷。

"你听我说啊！我也很珍惜这些种子，播种浇水，悉心照料，结出了好多硕大的葫芦。"

"种子都结出大葫芦了，你愁个什么劲儿啊！"庄子更纳闷了。

"哎，你是没见到啊！这些葫芦非常大，恨不得用两手才能抱

起来，用它们盛东西，能装五石。但它们的皮儿特别薄，用来装水，提起来就漏了。不能装水，那就把它们一分为二，锯开做瓢。但没想到的是，这些个葫芦太大了，哪怕是分成两半，也塞不进任何一个水桶！真是气死我了，这么大一个个葫芦，一点儿用处都没有，我只好把它们都砸了！"

惠子越说越气，随着他的语气加重，两撇胡子一抖一抖的。庄

子听完了他的话，不由哈哈大笑："老朋友啊老朋友，让我说你什么好呢。**你真是不会使用大的东西啊**！还给砸了，实在是暴殄（tiǎn）天物，哈哈哈！"

惠子听了，很不服气："别耍嘴！那你说说，这个大葫芦该怎么用？"

"你别急，让我给你讲个故事吧。宋国有一个家族，他们有祖传秘方——护手霜！冬天抹在手上，无论怎么沾凉水，手都不会起皮皲（jūn）裂。于是，他们祖祖辈辈都以给人家漂洗棉絮为生，反正冬天不怕沾凉水。不久前，有一个客人听说了此事，便找到了这家人，想要用百金买他们的秘方。哎，你猜他们卖了没有？"

"肯定卖了！洗衣服能挣多少钱，百金可不是笔小数目！"惠子说道。

"猜对了！他们也是这么想的，一大家人凑在一起商量：'我们世世代代给人漂洗棉絮，也就攒了数金而已，如今把秘方一卖，能有百金，这个买卖真合算！'客人拿到了秘方，你猜他干什么用了？"

"不好说，难道他也喜欢冬天洗衣服？"惠子听了，有些发蒙。

"当然不是！"庄子继续说道，"客人前脚拿到秘方，后脚便去求见吴王。这不怕冷水的护手霜，要是给吴国的水军用上，那可大大增强了战斗力。吴王听了他的介绍，非常高兴，让他当了水军大将。到了冬天，吴国和越国在长江上大战一场，有这护手霜的帮助，吴国将士紧握刀剑，不怕寒冷，大败越国。吴王一高兴，给这位客人封侯重赏！你看，同样是护手霜，有的人用它获取封地，有的人祖祖辈辈都在洗衣服，这是使用的方法不同。"

庄子的故事很精彩，但故事的寓意惠子还没完全明白。他看着

庄子，一头雾水的样子。

　　"老朋友，你不明白'用'的真谛啊！你现在有那么好的大葫芦，换个角度想想，为什么不把它们做成腰舟，缠在腰上，在江湖中自由自在地漂浮，而非要想着做瓢装水？真是糟蹋了宝贝。你的心里啊，就像塞满了茅草一样，一窍不通！"

　　就这样，庄子设计出可能是人类历史上最早的"游泳圈"。在他看来，惠子过于强调事物是否"有用"，就不免陷入了一种功利性思维。一旦过于功利，难免被其所束缚，也就丧失了真正的自由！就像惠子的大葫芦一样，把它们做成腰舟，在江湖上自在玩耍，虽然没有什么具体的功用，但这个自由自在的过程，不也是一种莫大的快乐吗？干吗非要把这么好的大葫芦打碎呢？

在庄子看来，我们不要总考虑什么东西有用，什么东西没用，而是要跳出"用"的视角，进入一种自由而审美的境界。就好像春游的时候，看到一朵路边盛开的小野花，它不能吃，也不能当作药材，但在花朵盛开的刹那，我们感受到春天的生命力，感受到大自然中随处可见的美，让自己的心灵随着它也绽放起来，这难道不是最大的意义吗？

把握"无用"中的"大用"，这意味着超越功利的局限，进入到自由的世界中。

知识小贴士：

古人的渡河利器——腰舟

面对江河，在没有船的情况下，把葫芦穿一起缠到腰上，就成为了古人渡河的绝对利器。这件利器也有一个文雅的名字，叫作"腰舟"，也就是缠在腰上的小船。腰舟就像现代的游泳圈一样，借助它，古人可以轻松地浮游江海。《鹖（hé）冠子》中说："中流失船，一瓠千金。"大葫芦平时看起来大而无用，可要是在浩瀚的大江大河里翻了船，这可就是价值千金的救命之物了！这样看来，惠子可真算得上是"不识货"了！

（四）蔑视一切权势

逍遥自在的庄子，从来没有把世间的富贵权势当回事儿。

在他看来，无论是尊贵的官位、奢华的宫殿，还是闪闪发光的黄金，都是对自由的束缚。正因如此，他才会拒绝楚王的邀请——与其出任楚国令尹，不如做一只在泥潭中打滚的大乌龟。惠子怀疑他要抢相位，他就用寓言故事来"黑"他："魏国的相位，对我来说，不过是一只烂耗子！"在《庄子》中，他对那些趋炎附势、讨好权贵的人，更是十分鄙视。

你看，有位衣着华丽的"新贵"，来找庄子炫耀来了：

> 宋人有曹商者，为宋王使秦。其往也，得车数乘。王说（yuè）之，益车百乘。反于宋，见庄子曰："夫处穷闾（lú）阨（è）巷，困窘织屦（jù），槁项黄馘（guó）者，商之所短也；一悟万乘之主，而从车百乘者，商之所长也。"庄子曰："秦王有病召医，破痈（yōng）溃痤（cuó）者得车一乘，舐痔（zhì）者得车五乘，所治愈下，得车愈多。子岂治其痔邪，何得车之多也？子行矣！"
>
> ——《庄子·杂篇·列御寇》

曹商是宋国人，他自告奋勇地对宋王说："我能为大王出使秦国，让宋国和秦国成为友好邻邦！"

宋王一听，半信半疑："秦国强大，凶残无比，能够和我们做朋友吗？"尽管如此，还是给了曹商几辆马车，让他出使秦国。到了秦国之后，曹商对着秦王一通花言巧语："尊敬的秦王，您英明神武，气概非凡，足智多谋，文韬武略，真是最伟大的国君！"

秦王被曹商夸得很开心："小曹啊，我看你小子不错！本大王今天心情好，赏你一百辆马车！"

好家伙，秦王赏人可真大方，足够豪横！曹商带领车队回到宋国，在国君、大臣们面前一通炫耀，突然想到，咦，庄子不是号称宋国最聪明的人吗？他看到我的如此成就，会是什么反应？于是，他趾高气扬地找到庄子，说道："庄子先生，我还真比不上你呢！"

庄子冷冷地看了他一眼，没说话，静待曹商的下一步表演！

果不其然，曹商开始嘲讽起来："你猜一猜，我哪里不如你？我不如你穷啊！哈哈哈。住在狭窄的巷子里，每天织鞋子糊口，经常饿得面黄肌瘦——这些我都不如你！但如果说，讨秦王的欢喜，让他赏给我一百辆马车，一百辆啊，你见过这么多车吗？哈哈哈，这一点上你就不如我了。"

看着曹商得意的样子，庄子扑哧笑出声来。曹商很纳闷："有什么好笑的？"

庄子不急不忙地说："你说秦王啊，我很了解他。秦王是够大方的，他生了病，长了脓疮，谁能帮他治好，就能得到一辆马车。据说他还得了痔疮，又痒又疼，需要别人给他舔一舔，舔舒服了，就赏给五辆车子。"

庄子先生一旦"毒舌"起来，就是这般毫不留情："给秦王看病，要卑躬屈膝、低三下四，得到的赏赐才够多。舔一次痔疮赏五辆马车，你现在有一百辆马车，你自己算算，舔了多少次？"

曹商听了庄子的话，又羞又气，脸涨得通红。但他一时却又难

以反驳，毕竟自己的马车不是靠本事得来的，而是靠拍马屁骗来的。
被庄子这么一说，没法做人了！难堪之下，他一跺脚、一捂脸，扭
头跑了……

一百辆马车有多么 "豪" ?

一百辆马车在古代非同小可。首先，马车是卿大夫身份的象征。受赐马车，就意味着获得了贵族的地位。在《论语》中，颜回父亲请求孔子卖掉自己的马车安葬颜回，孔子没有同意，就是因为自己是 "大夫之后"，不能变卖自己的身份。其次，百乘马车绝不是一个小数目。春秋战国时期，拥有千乘马车，那就是逐鹿中原的大国；拥有百乘马车，则足以成为执掌一方的世家大族。古书中有个词叫 "百乘之家"，指的就是这样的顶级卿大夫，比如长期掌握鲁国政权、最后甚至发动政变赶跑国君的 "三桓"。这样看来，曹商这个 "暴发户"，可真是不简单哪！

（五）恶龙一样的国君

在春秋战国，像曹商这样的人还不少，曹商被庄子 "骂" 走之后不久，又来了一个炫耀的人。这一次，他游说的不是秦王，而是宋王：

人有见宋王者，锡（cì）车十乘，以其十乘骄稚庄子。庄子曰："河上有家贫恃纬萧而食者，其子没（mò）于渊，得千金之珠。其父谓其子曰：'取石来锻之！夫千金之珠，必在九重之渊而骊（lí）龙颔（hàn）下。子能得珠者，必遭其睡也。使骊龙而寤（wù），子尚奚微之有哉！'今宋国之深，非直九重之渊也；宋王之猛，非直骊龙也。子能得车者，必遭其睡也。使宋王而寤，子为齑（jī）粉夫！"

——《庄子·杂篇·列御寇》

这位先生见到宋王，大拍马屁，宋王一高兴，赏赐给他十辆马车。尽管没有秦王赏得多，但也是一笔不小的财富。于是，他带着十辆马车，来到庄子的巷口，向他炫耀。庄子看他沾沾自喜的样子，叹了口气，这些小人啊！都懒得嘲讽他们了，给他讲个故事吧。

"在黄河边上，有一家人生活贫困，每天去河边砍几根芦苇，编成席子，赖以谋生。有一次，他的儿子潜入黄河深处，得到了一颗价值千金的宝珠！"

"哇，这小子运气真不错！"客人听了，还挺羡慕。

"不错吗？你知道这孩子的父亲是怎么做的吗？"

"穷人得了宝珠，肯定格外开心！少不了要夸奖儿子一番。"客人猜道。

"完全错了！"庄子摇了摇头，"这位父亲满脸紧张，对儿子说：'快拿石头来，把宝珠敲碎！'"

"为什么啊？"客人喊了出来，瞪大眼睛，浑然不解。

"儿子也是这么想的。但父亲却严肃地告诉他：'价值千金的宝珠，一定在九重深渊之中，藏在黑龙的下巴下面。你能得到宝珠，只有一种可能，那就是黑龙睡着了。假使凶残的黑龙醒了，你会被它一口吞掉，连骨头渣都不剩！如此凶险，要宝珠做什么！"

客人听了这个有些凶险的故事，吓得一激灵，仿佛想到了什么。

庄子看在眼里，点了点头："你明白我的意思了吧。如今宋国形势的凶险，不亚于九重深渊；宋王的凶残无道，不亚于黑龙。你得到这十辆马车，必定是遇到宋王一时头脑不清，就像黑龙睡着了一样。如果宋王清醒过来，恐怕你就要粉身碎骨了……"

所谓"伴君如伴虎"，在庄子的时代，很多国君残暴不仁，比老虎还要凶猛，比黑龙还要残忍。那些花言巧语、谄媚讨好的人，看起来是获得了财富，其实是用生命来赌啊！一不小心，丧失的不是自由，而是自己的性命。

在庄子看来，这些趋炎附势的小人，既愚蠢，又可怜，为了蝇头小利，

就像飞蛾扑火一样，投身到险恶的时势之中，拉都拉不回来。没办法，清者自清，还是让我做个开开心心、自由打滚的大乌龟吧。

知识小贴士：

残暴无常的宋王偃（yǎn）

宋王偃是宋国的末代国君。据《史记》记载，他即位之后，四处征战，与齐、魏、楚等邻国为敌，搞得怨声载道。宋王偃极为自大，用皮囊盛满血，绑到箭上射向天空，号称"射天"。他本人又沉湎于醇酒美女，左右大臣但凡有敢进谏的，通通拿弓箭射死。宋王偃这样残暴无常，于是在诸侯之间得到了一个"桀（jié）宋"的绰号。后来，齐、魏、楚等国忍无可忍，联合发兵灭掉了宋国。残忍的暴君宋王偃，最终得到了灭国的下场。

（六）庄子变成了蝴蝶

逍遥自在的庄子，曾经做过一个诗意而美好的梦。

昔者庄周梦为胡蝶，栩栩然胡蝶也，自喻适志与，不知周也。俄然觉，则蘧（qú）蘧然周也。不知周之梦为胡蝶与，胡蝶之梦为周与？

——《庄子·内篇·齐物论》

庄子说，我曾经梦见自己变成了一只蝴蝶，张开美丽而硕大的翅膀，翩然飞舞，又愉快又自在。在那一刻，我都不知道自己是庄周了！随后我醒过来，看一看自己，还是庄周嘛。但仔细一想，究竟是我做梦变成了蝴蝶，还是一只蝴蝶做梦变成了我呢？

这就是著名的"庄生梦蝶"的寓言！短短几句话，神奇而又有趣，让人意犹未尽。

关于"梦蝶"的寓意，我们需要思考三个问题：

第一个问题是，在这个神奇的梦中，庄子为什么变成了一只蝴蝶，而不是其他别的小动物？要知道，蝴蝶在他心中是一种特殊的动物，它轻轻扇动翅膀，在花间翩然起舞，姿态轻盈优美，又显得那样弱小可怜。它虽是大自然中最美丽的精灵，但并没有什么"用

处"。牛会耕地，马会驾车，狗能护院，连最常见的鸡，也能打鸣下蛋……唯有蝴蝶，我们完全想不出它的功用。但这"美而无用"的蝴蝶，就像可以漂荡于江湖的大葫芦一样，代表着人类对审美和自由的追求！因此，庄子在梦中没有变成小猪、小牛、小羊、小狗，而是变成了毫无"用处"的一只蝴蝶。

第二个问题是，庄子变成蝴蝶，这意味着什么呢？蝴蝶是自然之美的象征，化为蝴蝶，意味着人与自然融为一体，这种天人合一的境界正是庄子的大智慧。要知道，庄子不是让我们真的变成蝴蝶，而是用这样一个美妙的梦境，提醒人们打破与自然的隔阂，去除人类的傲慢，改变人与自然的对立。在庄子看来，只有投身大自然的怀抱，人和自然万物融会为一，才能获得真正的生命自由。

第三个问题是，究竟是庄子变成了蝴蝶，还是蝴蝶变成了庄子呢？其实，这发生变化的，既可以是庄子，也可以是蝴蝶。庄子与蝴蝶都能自由变化，也就意味着它们是平等的。人不比蝴蝶高级，蝴蝶也不比人低微，用一颗审美的心灵面对大自然，也就获得了真正的平等。

同样是人变成动物，中国文化和西方文化中的理解颇为不同。西方文学家卡夫卡有一本《变形记》，小说的第一句话就是："一天清晨，格里高尔·萨姆沙从烦躁不安的睡梦中醒来时，发现自己在床上变成了一只大得吓人的甲壳虫。"庄子变成了蝴蝶，《变形记》中的主人公变成了甲虫。与庄子的逍遥自在不同，当格里高尔变成甲虫的那一刻，一切麻烦都来了。他不适应自己的新身份，战战兢兢躲在天花板上，不知所措，悲剧和闹剧从此拉开序幕。

为什么变成蝴蝶的庄子，丝毫不见烦恼呢？这与他的智慧有关。庄子崇尚自然，希望拥有天人合一的开阔与自由。在他的化蝶之梦里，人与自然万物的界限被打通，人能够变成蝴蝶，蝴蝶能够变成人，人与自然万物和谐自在、畅通无阻，简直不能更美妙了！

庄子笔下的"变形记"

除了变蝴蝶，庄子笔下还有很多"变形记"的故事。在《庄子·内篇·大宗师》中，子舆得了重病，奄奄一息，身体变形，不忍直视。子舆却对来探病的朋友说："这可一点儿都不丑！再过一会儿啊，我的左臂就会化成一只鸡，我要拿它来报时；我的右臂会化成一个弹弓，我要拿它来打鸟；我的屁股和大腿呢，会变成大车轮，我的精神则化作骏马，这样就可以乘着马车环游宇宙了！"鸡也好，弹弓也好，马车也好，都是自然大化的象征。弥留之际的子舆，丝毫不惧怕死亡的威胁，而是在恣意的变化中超脱生死，获得融入自然的真正快乐。这种自由与逍遥，与"庄生梦蝶"殊途同归。

三、精彩的人间世

　　庄子虽是一位隐者，却不是避世不出的"宅男"。在《庄子》中，可以看到他游历四方、放眼天下的开阔眼界。

　　庄子见过各种各样的人，走过各种各样的路，到过风俗各异的国家，听过千奇百怪的故事。他或亲自讲述，介绍自己的奇特见闻；或借他人之口，描绘各种奇人异事，为我们展现出丰富多彩、充满启示的"人间世"。

（一）摆渡深渊的船夫

　　在《庄子》中，很多精彩的故事借由孔子之口来讲述，这是他"寓言"的一种方式。

> 　　颜渊问仲尼曰："吾尝济乎觞（shāng）深之渊，津人操舟若神。吾问焉，曰：'操舟可学邪？'曰：'可。善游者数能。若乃夫没（mò）人，则未尝见舟而便操之也。'吾问焉而不吾告，敢问何谓也？"仲尼曰："善游者

数能，忘水也。若乃夫没人之未尝见舟而便操之也，彼视渊若陵，视舟之覆犹其车却也。覆却万方陈乎前而不得入其舍，恶往而不暇！以瓦注者巧，以钩注者惮，以黄金注者殙（hūn）。其巧一也，而有所矜，则重外也。凡外重者内拙。"

——《庄子·外篇·达生》

  孔子最得意的弟子叫颜回，字子渊，也称颜渊，他路过一处叫"觞深"的深渊，那里深不见底，让人恐惧，但摆渡的船夫驾驶小船，自由来往，达到了"操舟若神"的境界！

  看着船夫在深渊上自如的样子，颜回不禁暗暗伸出了大拇指，太厉害了！我要向他请教一下！船夫靠岸之后，颜回问他："这位大哥，你驾船的本事简直神了！这个本事可以学到吗？"

这位船夫一边擦汗，一边轻松地说道："可以！但你会游泳吗？会潜水吗？"

颜回有点儿摸不着头脑，我问的是驾船的本事，跟游泳有什么关系？

看着颜回发蒙的样子，船夫笑着补充说："你要是会游泳，多练习几次，就能驾船了。你要是潜水高手，哪怕是没见过船，随便摆弄几下也能学会！"

"我问的是驾船啊，我可没问游泳的事儿……"颜回还是不明白他的意思。

"哈哈哈，不明白就算了！"船夫爽朗大笑，轻轻一跃，跳上小舟，继续逍遥在水上。

没办法，颜回只好去请教自己的老师——孔子。他把与船夫的对话学给孔子，然后问道："我问他其中缘故，他却不告诉我。请问老师，他说的是什么意思？"孔子听了之后，若有所思地点点头，对颜回说道："会游泳的人，为什么容易学会驾船，因为他不怕水啊。至于那些潜水高手，视深渊如小山，视翻船如倒车。翻船倒车发生在眼前而不会放在心上，面对各种险境都能应对自如，驾船对他们来说就像玩一样！你明白他的意思了吗？"

"您的意思是，想要掌握一种本领，做好一件事儿，先要做到心中'若无其事'吗？"颜回问道。

"没错！"孔子接着说，"就拿两个人打赌来说，捡块瓦片当赌注一定轻松，用精雕细琢的带钩做赌注不免害怕紧张，要是用黄金做赌注一定神思混乱。其实，一个人打牌的本事不会变，变化的是他的心态——越把外在的得失利弊当回事，内心就越紧张，越笨拙！"

"我明白了！"颜回开心地说，"我们想要做好一件事儿，首先是要心灵放松。怎么放松心灵呢？就要去掉那些外在的牵绊和挂碍。"

嗯，就是这个意思！孔子欣慰地点了点头。

这个故事对我们的学习生活很有启发。就拿参加运动会来说，你要和同学们比赛了，看谁跑得更快、跳得更高！在比赛时，一定要做到心情放松，心无旁骛——除了比赛本身，什么成绩啊、奖牌啊、荣誉啊，把这些"身外之物"全部抛在脑后。有了这种状态，反而会发挥出最好的水平！运动会是这样，考试啊、竞赛啊、辩论啊，都是如此。

庄子告诉我们，一个有智慧的人不仅能忘掉"自我"，也能忘掉"外物"，才能从一种内心的空灵状态中，迸发出真正的生命力。

知识小贴士：

什么是"寓言"

庄子说理常常使用"寓言"的方式。所谓"寓言"，即寄寓之言，假托之言，用《庄子·杂篇·寓言》中的话说就是"藉（jiè）外论之"，即不直接陈说道理本身，而是将哲思寄寓于其他事物中，以形象化的讲述阐发深奥的哲理。这种阐述方式在《庄子》中处处可见，比如，大鹏是逍遥的寓言，大葫芦是无用之用的寓言，庖丁解牛是养生的寓言。寓言不仅使复杂的道理变得有趣易懂，而且为《庄子》赋予了极强的文学色彩。

（二）悬崖峭壁上的神箭手

在《庄子》中，有各种各样精彩的人物，他们擅长不同的本领，达到了"神乎其技"的境界。庄子特别喜欢这些超凡脱俗的传奇人物，在他们身上，领悟到非凡的境界与道理。

讲完了摆渡深渊的船夫，我们再看一位悬崖峭壁上的神箭手：

> 列御寇为伯昏无人射，引之盈贯，措杯水其肘上，发之，适矢复沓，方矢复寓。当是时，犹象人也。伯昏无人曰："是射之射，非不射之射也。尝与汝登高山，履危石，临百仞（rèn）之渊，若能射乎？"于是无人遂登高山，履危石，临百仞之渊，背逡巡，足二分垂在外，揖御寇而进之。御寇伏地，汗流至踵（zhǒng）。伯昏无人曰："夫至人者，上窥青天，下潜黄泉，挥斥八极，神气不变。今汝怵（chù）然有恂（xún）目之志，尔于中也，殆矣夫！"
>
> ——《庄子·外篇·田子方》

这位神箭手叫列御寇，就是道家著名的思想家列子，他给伯昏无人表演射箭——名字叫"无人"，很可能是庄子虚构出来的人物。射箭的关键，一是要稳，二是要准。列子不仅很有智慧，箭法也极为高明。他弯弓搭箭，把弓弦拉满，然后在手肘上放上一杯水。

咦，射箭就好了，为什么要在手肘上放一杯水？

别忙着发问，先看列子射箭的英姿——

说时迟，那时快，列子手一松，"砰"的一箭射出去！第一箭刚

刚离弦，还没等别人反应过来，第二箭就已经搭上；第二箭刚刚射出，第三箭又扣在弦上了……好家伙，这是一手连珠箭的绝技，又快又准，每一箭都深深地插在靶心之上！

列子连射数箭，身形手臂稳如泰山，没有一丝一毫的晃动，在这个时候，仿佛是个木头人。等他射完之后，再看手肘上的水杯，竟然连一滴水都没有洒出去。原来，这杯水是列子对自己的"考验"啊！真是艺高人胆大！

列子射完之后，自信地看着伯昏无人，怎么样，你见过这般高超的箭法吗？没想到，伯昏无人的表情有些失望，他摇了摇头，对列子说："你的箭法固然不错，但还有技巧在，属于有心之射。真正高明的，是那些超越了一切技巧的无心之射啊！"

什么？射箭当然要用心，怎么还有"无心之射"呢？列子有些不解，又觉得伯昏无人轻视自己，有些生气地看着他。

伯昏无人呵呵一笑："你这个样子，当然不懂无心之射了。我来问你，当你登上高山之巅，身处悬崖之上，手接白云，脚下就是万丈深渊，你还能这样射箭吗？"

"有什么不能的！"列子不服气地说。

"那就试试吧。跟我来！"于是，伯昏无人带着列子登上高山，脚踏高耸的岩石，站在万丈深渊的边上。此时此刻，列子有些紧张了，伯昏无人却神色不变。

"小心，别掉下去！"列子忍不住喊了出来。

"放心吧！"伯昏无人笑道。只见他一步步退向深渊，直到自己的脚有三分之二悬在岩石之外，仅仅用脚尖保持平衡，才停下来。他望着列子，缓缓地作揖请列子过去："就在我的位置上，请您弯弓搭箭，如何？"

列子想要试试，往后退了两步，仿佛马上就要跌落深渊。他吓出一身冷汗，连忙转过身来，伏在地上，冷汗一直流到脚后跟："先生，我服气了！在您的位置上，别说射箭了，我站都站不稳！"

伯昏无人仰天长笑："射箭可不只是技巧，更有大道！真正得道的高人，上能窥探青天，下能俯瞰黄泉，纵横天地之间，无论多么危险的境地，始终能面不改色，保持优雅。你呢，不过是站在悬崖之上，就吓成这样，可见修为还差得很远，你是射不中智慧的靶子的！"

列子深为叹服，追随伯昏无人学习大道，最终成为一代高人。在这个故事里，列子是射箭的高手，从技巧上看，他已经登峰造极了。但他缺乏的是合乎大道的智慧！这种智慧是什么呢？用庄子的话来说，就是人与天地万物为一体！当一个人忘掉"小我"的局限，让心灵投入宇宙万象的怀抱，与大自然融会为一，他便摆脱了内心的种种束缚，再也没有什么东西可以让他害怕了。真正的得道高人，哪怕是在悬崖峭壁、万丈深渊之上，都能神色不变、举止自如，正源自这种高超的修养。

在生活中，你有没有遇到让你害怕、紧张的事情呢？有没有心慌慌的，读不下书、做不下事情的时候呢？从伯昏无人和列子的故事中，你是否能收获到引人深思的启发呢？

知识小贴士：

有道之士——列子

与庄子一样，列子也是一位安贫乐道的哲人。《庄子·杂篇·让王》记载，列子平日穷困潦倒，常常饿得面黄肌瘦。有人对郑国大夫子阳说，列子是个有道之士，子阳就派使者送来了好多好多粮食。可是呢，列子居然坚决不要。列子的老婆捶胸顿足："我听说得道之士的老婆，日子过得可滋润了。可是你居然连接济的粮食都不要，真是糊涂！"列子笑着说："子阳哪里懂我！只因别人的一句话，就给我这么多粮食；万一哪天也因为别人的一句话，就加罪于我了呢？这粮食还是不要为好！"果不其然，子阳没多久就因为内乱被杀，而列子则凭借非凡的智慧与高洁的品格，安然逃过一劫。

（三）粘知了的一代高手

炎炎夏日，树上会有很多鸣蝉，它们"知了""知了"地叫着，吵得人睡不着觉。自古以来，就有人拿着长长的竹竿，在竹竿的顶端包裹上有黏性的物质，高高地举起来去抓知了。知了形体很小，藏在树叶背后，想要一下子捉住它很不容易。一竹竿粘歪了，它便一溜烟地飞走，这可是一个技术活儿！

在《庄子》中，记载了一位技艺高绝的粘蝉老人：

> 仲尼适楚，出于林中，见痀偻（gōu lóu）者承蜩（tiáo），犹掇（duō）之也。仲尼曰："子巧乎！有道邪？"曰："我有道也。五六月累丸，二而不坠，则失者锱铢（zī zhū）；累三而不坠，则失者十一；累五而不坠，犹掇之也。吾处身也，若厥株拘；吾执臂也，若槁木之枝。虽天地之大，万物之多，而唯蜩翼之知。吾不反不侧，不以万物易蜩之翼，何为而不得！"孔子顾谓弟子曰："用志不分，乃凝于神，其痀偻丈人之谓乎！"
>
> ——《庄子·外篇·达生》

孔子到了楚国，路过一片郁郁葱葱的树林，看见一位驼背的老人，举着高高的竹竿，在粘知了。孔子乍一看去，心中颇为怜悯："这位老人家真不容易，年事已高，头发都白了，却还要这样辛苦！"仔细看时，不免惊了！只见老人举着竹竿的手，虽然布满皱纹，却稳如泰山，一竿子一个，就像用手轻轻地把知了拿过来一样。

如此高超的手法，这位老人家真不简单！孔子走上前去，恭恭敬敬地请教说："老人家，您粘知了的本事，真是神了！这里面有没有什么'道'啊？"

老人看孔子恭敬求教，便对他说："这里面确实有'道'。我先问问你，你猜老夫的本领，是如何练成的？"

"这还真不清楚，还望您不吝赐教。"孔子客客气气地说。

"我在竹竿顶端叠放泥丸！叠放两个泥丸，稍微一动，它就会掉下来，要练习五六个月才能放稳。"

确实，小小的竹竿头上，放一个泥丸，都很难保持稳定，何况是两个呢！孔子佩服地说："能放两个泥丸，简直太难了！练成了这个本事，您粘知了应该手到擒来了吧。"

"远远不够！"老人笑道，"能叠起两个泥丸而不落，在粘知了的时候，只能做到减少失误。等到能叠起三个泥丸而不落时，失误就只有十分之一了。等到能叠放五个泥丸而不落，才算大功告成！那时候粘知了，就像用手轻轻地把它拿起来一样，运转自如，从不失误。"

在竹竿头上叠放五个泥丸，好家伙，这是多么高超的本领！孔子拍掌说道："太厉害了，您这个本事非同小可！"

"让先生见笑了！"老人听了，笑着说，"不过，这不仅是本领，其中也有大道在啊！在锻炼手法的时候，我的身心都沉静下来了，进入到了一种'无我'的境界。

我站稳身形，就像树墩子一样，稳稳地一动不动。我高高举起竹竿，就像枯枝一样，在风中毫不摆动。更重要的是我的内心，虽然天地广大，万物众多，但在粘知了的那一瞬间，我仿佛只能看到薄薄的蝉翼。此时此刻，没有任何东西能够影响判断，干扰心灵。进入了这种境界，做什么事情不能成功呢！"

孔子听了，喟然长叹，对弟子们说："用志不分，乃凝于神。这位老人家的心灵处在一种高度的专注之中，不仅忘我，也忘掉了外在的世界，因此才能达到高妙若神的境界啊！"

在这个故事中，庄子告诉我们，一个人如果能做到真正的专注，无论是读书、做事，甚至是粘知了这样的小事儿，都能达到精彩绝伦的境界。什么是这位老人的"道"？其实就是专心致志、聚精会神，把全部的生命力投注到想要做的事情上面！

 知识小贴士：

专心致志的典型——董仲舒

董仲舒是汉武帝时期的大儒。《汉书·董仲舒传》记载，董仲舒早年研究《春秋》，年纪轻轻就当上了汉景帝的博士。在治学期间，董仲舒非常专心致志，甚至于书房外面的花园，他三年都不往外看一眼。专注与勤奋终有回报，汉武帝即位后，董仲舒以其渊博的学识与高卓的眼界，上"天人三策"，赢得汉武帝的赏识，最终成为千古闻名的一代儒宗。"用志不分，乃凝于神"的智慧，在董仲舒这里得到了淋漓尽致的体现。

（四）拒绝三公的屠羊说

庄子善于书写人间传奇，除了那些技艺高超的"奇人"之外，还有一些潇洒清高的"隐士"，他们和庄子一样，哪怕才华出众，甚至立下盖世奇功，但对高官厚禄都如弃敝屣——就像扔掉穿坏了的鞋子一样，丝毫不觉得惋惜。

在春秋末年的楚国，就有这样一位毫不贪功的隐士——屠羊说。看他的名字就知道，这是一位宰羊的屠夫。尽管身份低微，但他却是一个很有智慧的人。

春秋末年，楚国遭遇了一场巨大的危机，差点儿就亡国了。此事说来话长。当年楚国有一位能征善战的大臣，名叫伍子胥（xū）。因为奸臣陷害，他的父亲和兄长都被楚平王杀害了。伍子胥痛恨楚王，大哭一场，费尽辛苦逃出楚国，投奔吴国，想要报仇雪恨！多年以后，伍子胥率领吴国大军，杀回楚国报仇雪恨，七战七胜，一直攻入楚国国都！当时楚平王已经去世，即位的是其子楚昭王。伍子胥派兵挖开楚平王的坟墓，用鞭子狠狠地抽打楚平王的尸体，连打了整整三百下！这就是著名的"伍子胥鞭尸"的故事。出气之后，更派人追杀流亡在外的楚昭王。

楚昭王失掉国家，仓皇出逃，身后还有尾随不舍的追兵，当真是危险极了！当时楚国大臣四散奔逃，昭王身边也没有几个人。屠羊说虽是一个宰羊卖肉的小人物，却忠心耿

耿，不离不弃，一直跟在楚昭王边上，在困境之中，还给昭王出了不少好主意。

后来，在秦国和其他国家的帮助下，楚昭王复国了！重新登上王位，昭王想到流亡在外的艰辛岁月，心中感慨不已："我要好好赏赐那些跟我流亡的人！"

楚昭王大加封赏，身边的人也非常欢喜。唯独轮到屠羊说时，他拒绝了："封赏？没必要！当初大王亡国，我的羊肉铺子也没了；现在大王复国，我也继续当回肉铺老板。我的'爵禄'已经回来了呀，还要什么封赏呢？"

楚昭王听了他的话，心里有些吃惊，想不到一个羊肉铺的老板，还挺有志气的；转念一想，也许他就是客气一下，还是要赏赐的！

于是，楚王的使者又一次来到羊肉铺："屠羊说先生，大王请您务必接受封赏！您不要再客气了！"

屠羊说听了，哈哈大笑："我可不是客气，请你转告大王，当年大王失去国家，不是我的罪过，所以我不受罚；如今大王回到楚国，也不是我的功劳，所以我也不受赏！"

楚昭王听了屠羊说的话，又惊又奇，如此风骨，真是一位了不起的贤人啊！我要召见他！接到了国君的请柬，一般人难免趋之若鹜（wù），没想到屠羊说还是拒绝了："根据楚国法令，一个人只有立过大功，才能被国君召见。论智慧，论武力，我都是个很平凡的人。至于说曾经追随大王，那是因为吴国大军杀进来，我也要逃命啊！现在大王想召见我这样一个平凡的人，违背法令，我不进宫！"

话说到这个份儿上，楚昭王更惊奇了，对屠羊说的隐士风骨十分钦佩："别看他是一个宰羊卖肉的，身份卑微，但说出来的道理真高明！我要让他担任楚国的三公！"

三公！那可是非常尊贵的地位，万众瞩目，俸禄多多。屠羊说接受了吗？还是没有！他对楚昭王的使者说："三公的高位，肯定比开羊肉铺强！地位高，俸禄多，但我可不能要！不能因为自己贪图利禄，让国君背上骂名——老百姓们会说，我们国君糊涂了，让个卖羊肉的当三公！求求您，放过我，让我安安静静地卖羊肉吧。"

屠羊说最终没有接受任何赏赐。他和楚昭王一个坚决要给，一个坚决不要，两个人推来推去，还是屠羊说坚持到了最后。问题在于，这个故事的寓意何在？是要展现屠羊说的隐者风范吗？是要赞美他的清高与坚持吗？推来让去，会不会让你觉得有些"矫情"呢？

一起读庄子

我们要思考的是，庄子为什么要赞美一种"善于拒绝"的品质呢？这里面有两个原因：一方面，道家认为万事万物都是自然而成，并不需要过多的人为加工。一个有智慧的人，需要顺应天道，安静无为。楚昭王复国也是如此，虽说屠羊说有功劳，但这里又有多少天时、运气、时势、人心的因素呢？因此，屠羊说了不起的地方，正在于"不贪天功以为己力"，在他拒绝的背后，隐含着对自然、对天道的一种敬畏。另一方面，人容易居功自傲，认为自己本事大，任何事离了自己都办不成。庄子提倡"无我"的智慧，屠羊说安于贫贱，不被三公的功名利禄所诱惑，这正是一种逍遥自在的人生态度啊！

知识小贴士：

南方冤家——吴楚争霸

春秋末年，晋楚之间的战争逐渐消歇，而南方吴楚两国的争霸走上了历史的舞台。《左传》记载，从吴王寿梦到吴王阖（hé）间的七十余年间，吴楚两国爆发了十几次战争，吴国在战争中则取得了绝对的上风。州来之战、乾溪之战、鸡父之战，都以楚军的惨败而告终。伍子胥率吴军攻入楚国国都，则是其中最激烈的一次。直到东南的越国逐渐强大，最终由越王勾践灭掉吴国，吴楚之间的争霸才告一段落。

（五）被砍掉脚趾的人

《庄子》喜欢讲"奇人"的故事，在他的笔下有一类很有意思的人，叫作"畸（jī）人"——他们的身体或者天生残疾，或者受过古代的严刑酷法，造成了肢体的残缺。尽管如此，他们追求大道，遗忘形体，又有着极为完整的心灵世界。

这不，鲁国有一位被砍掉脚趾的人，前来求见孔子：

> 鲁有兀（wù）者叔山无趾，踵见仲尼。仲尼曰："子不谨，前既犯患若是矣。虽今来，何及矣！"无趾曰："吾唯不知务而轻用吾身，吾是以亡足。今吾来也，犹有尊足者存，吾是以务全之也。夫天无不覆，地无不载，吾以夫子为天地，安知夫子之犹若是也！"孔子曰："丘则陋矣。夫子胡不入乎？请讲以所闻。"无趾出。孔子曰："弟子勉之！夫无趾，兀者也，犹务学以复补前行之恶，而况全德之人乎！"
>
> ——《庄子·内篇·德充符》

在春秋战国时期，有一种残酷的刑法：一个人要是犯了罪，会被砍去脚趾、挖掉膝盖，甚至把脚都砍掉，称作"肉刑"。很不幸，这个故事的主人公叫叔山无趾，他是遭受了肉刑的人——连他的名字都叫"无趾"，没有脚指头。他勉强地用脚后跟走路，一瘸一拐见到了孔子，向他请教大道。

面对这样一个可怜人，应该心生怜悯才是，没想到，孔子却有些厌烦地说："你做人不谨慎，犯了国法，被砍了脚趾。现在想要

一起读庄子

来向我求教，来不及了！"

　　孔子这么说，实在不照顾叔山无趾的感受，有些咄咄逼人。当然，《庄子》中的孔子未必是孔子本人，大抵是庄子编出来的寓言。无论如何，故事里的"孔子"让人很不喜欢，傲慢、强势，缺乏同理之心。

　　叔山无趾听了孔子的话，愣了一下，继而笑了。他可没有被孔子伤害到，而是反驳说："您说得对！我因为做人不谨慎，被砍了脚趾。但这又能说明什么呢？我就完全没有希望了吗？不是的！我虽然丢了脚趾，但如今我来到您这里，是心里清楚，生命中有比脚趾更重要的东西，那就是大道啊！我想竭力地保全它，才会向您虚心请教。有道君子犹如天地，包容一切，尊重一切。之前我把先生看作天地，哪知先生竟是这样的人！"

　　话说完了，叔山无趾摇着头走出门。孔子听了，脸上热热的，

很是羞愧。是啊，我刚刚瞧不起他，挖苦讽刺，只能显得自己格局狭窄。他连忙喊道："先生别走！是我见识浅陋，愿意听您的高见！"

"算了算了……"叔山无趾大笑而去，头都没有回一下。他走之后，孔子怅然若失，对弟子们说："大家要努力啊！叔山无趾被砍去脚趾，还在努力学习，以弥补从前的过错，何况我们这些形体完整的人呢！"

知识小贴士：

庄子笔下的畸人

在《庄子·内篇·德充符》中，还有好几个像叔山无趾一样的"畸人"，他们的共同特点是身体残缺丑陋，但却知通大道。比如鲁国的王骀（tái），被砍掉一只脚，但是智慧超常，弟子无数，乃至于与孔子分庭抗礼；再比如卫国的哀骀（tái）它，因其丑陋而名闻天下，可是鲁哀公一跟他接触，甚至连国君的位置都想送给他；还有齐国的瓮盎（àng）大瘿（yǐng），脖子上长着碗口大的瘤子，但齐桓公却十分喜爱他。庄子写这些"畸人"是在告诉我们，身体的残缺无关紧要，关键在于精神与天性的整全。

（六）"盗亦有道"的大强盗

战国时期，天下大乱，出现了很多聚啸山林的大盗。他们占山为王，打家劫舍，是梁山好汉的"前辈"。在众多大盗中，最著名的就是盗跖（zhí）了，他身材魁梧，武艺高强，按剑怒目，大声叱咤，怒吼之声犹如猛虎，真可谓威风凛凛。《庄子·杂篇·盗跖》中说他"心如涌泉，意如飘风"，心思机敏，情绪不定，接触起来，让人心惊胆寒。

就是这样一位凶猛的大盗，却也懂得大道——"盗亦有道"，这个成语正出自《庄子》：

> 盗跖之徒问于跖曰："盗亦有道乎？"跖曰："何适而无有道邪？夫妄意室中之藏，圣也；入先，勇也；出后，义也；知可否，知也；分均，仁也。五者不备，而能成大盗者，天下未之有也。"
>
> ——《庄子·外篇·胠箧》

盗跖手下的小盗贼问他："老大，咱们干强盗的，也有自己的大道吗？"

"怎么没有！"盗跖虎目一瞪，吓得小盗贼一激灵，"世间的一切事物，哪一样能离开大道呢？"

"老大，能给我讲讲吗？"

"我们去抢东西，见到一个人家，就能猜到屋里有什么好东西，这是'圣'；身先士卒，带头杀进去，这是'勇'；撤退的时候，留下断后，这是'义'；心思机敏，判断能否下手，这是

'知'；分赃的时候，平均分配，这是'仁'。做不到圣、勇、义、知、仁，想成为大盗，门儿都没有。"这不是大道是什么？

盗跖说完了，扬长而去，留下小盗贼在风中瞠目结舌——想不到，我们这个"特殊"的职业，还有这么多讲究！

故事很有趣，盗跖很自信。问题在于，庄子讲"盗亦有道"的故事，是要说明怎样的道理呢？首先，庄子让人们意识到，大道虽好，也要看人怎么运用——圣贤之道被盗跖这样的人学去了，也会用来害人。其次，庄子告诉我们，真正的大道是无处不在的。天地万象、草木鱼虫，各种各样的职业，甚至是盗跖这样的大坏蛋，在他们身上都有大道——就最根本的智慧而言，不是大道离我们过于遥远，而是我们读不懂身边随处可见的大道啊！

一起读庄子

知识小贴士：

司马迁眼中的盗跖

盗跖是战国时期有名的强盗恶霸。他残暴不仁，《史记·伯夷列传》说他"杀不辜，肝人之肉"，荀子甚至将他与桀纣齐名；他重利忘义，说起好利之人的典型，战国秦汉人第一个想到的就是盗跖。但就是这么个无恶不作的大坏蛋，最后却落了个长寿善终；比较之下，以仁义冠绝天下的伯夷和颜回，一个饿死，一个早逝。这种巨大的反差引发了儒者士人的不平，司马迁在《史记·伯夷列传》中悲愤地写道，都说天道是帮助善人的，但是盗跖竟得寿终，伯夷却遭惨死，这天道到底有还是没有呢？他说到盗跖的故事，蕴含着对于命运是否公正的追问，这实际上是他自陈心曲，表达出对自己生命悲剧的愤愤不平。

（七）拒绝"发明家"的老农

在中西方文化中，发明家都很受人尊重，无论是发明地动仪的张衡，还是发明白炽灯的爱迪生，都凭借着自己的聪明与创造，推动人类历史的进步，给生活带来了各种各样的便利。但在《庄子》中，却有一位很有个性的老农，毫不留情地拒绝了子贡推荐的一件新发明。这又是为什么呢？我们来看：

子贡南游于楚，反于晋，过汉阴，见一丈人方将为圃畦（qí），凿隧而入井，抱瓮而出灌，搰（hú）搰然用力甚多而见功寡。子贡曰："有械于此，一日浸百畦，用力甚寡而见功多，夫子不欲乎？"为圃者卬（áng）而视之曰："奈何？"曰："凿木为机，后重前轻，挈（qiè）水若抽，数（shuò）如泆（yì）汤，其名为槔（gāo）。"为圃者忿然作色而笑曰："吾闻之吾师：'有机械者必有机事，有机事者必有机心。机心存于胸中，则纯白不备；纯白不备，则神生不定；神生不定者，道之所不载也。'吾非不知，羞而不为也。"子贡瞒然惭，俯而不对。

——《庄子·外篇·天地》

子贡是孔子的弟子，他能言善辩，足智多谋，特别善于做生意，是孔子弟子中的英才人物！子贡曾到楚国游览，在返回晋国的途中，路过汉水南岸。他看见一位老人正在整地开畦，打了一条道直通井边，抱着一个瓦罐来接水灌地，来来往往花费的力气很多，取得的功效却很少。

看着老农辛勤浇地的样子，子贡有些不忍，我来帮帮他吧。于是，他走上前去："老人家，看你浇菜这般辛苦，我给你推荐个好东西！我知道一种机械，一天可浇灌上百个菜畦，用力很少，收效却大，老先生不想试试吗？"

"什么东西？"老人抬起头来，看着子贡。

"用木头做成机关，后面重，前面轻，提水如同从井中抽水似的，快速得犹如沸水外溢一般，它的名字叫桔（jié）槔。"

一起读庄子

　　说起来，什么是"桔槔"呢？这是古人利用"杠杆原理"发明的农业工具。在一根竖立的架子上，加一根细长的杠杆，当中是支点。杠杆的末端悬挂重物，前端悬挂水桶，"后重前轻"。使用它的时候，由于有重物和杠杆的力量，打水非常轻松。要知道，杠杆原理在人类的科技史上非常重要！古希腊数学家阿基米德曾经说过："给我一个支点，我能撬动整个地球！"在这豪言壮语的背后，就是杠杆原理的力量。在中国古代，聪明的人们也掌握了杠杆原理——虽然撬不动地球，至少打水浇菜还是可以的。

介绍了先进的发明，子贡本以为老农会喜笑颜开，感激不已。没想到的是，这位有个性的老人生气了！他狠狠地瞪了子贡一眼，带着嘲笑的口吻说："我以为您会推荐个什么好东西，原来就是这个玩意儿啊！我听老师说过，有了机械之物，必定会出现取巧之事，有了取巧之事，必定会出现巧诈之心。机心留存在胸中，就会损害纯真的心灵，导致精神的扰动不安。这种状态，完全是背离大道的啊！因此，你说的'桔槔'我不是不知道，只是不屑于使用罢了。"

被老农无情地嘲笑了一番，子贡羞愧难当，低着头不答话。

在这个寓言故事中，聪明的子贡在老农面前狠狠地碰了一颗钉子。庄子的寓意在于，人要保持一种天然朴素的状态，从而能够回归自然。既然如此，就要避免刻意与机心。那些看似先进的发明，往往是刻意用心的产物，因此这位老农对它们不屑一顾。

当然，你完全可以反驳庄子："发明有什么不好的？人类的进步与幸福，都是因为有了这些发明创造啊！"但如果换一个角度，人类的灾难与痛苦，也和很多发明密不可分——有了飞机、大炮、炸药甚至原子弹，人类的战争也就更加残忍。很多"重要"的发明，更伤害着人类赖以生存的大自然。

究竟应该如何面对发明？如何面对庄子所谓的"机心"？这需要人们进行更加深层的思考，从各侧面多角度综合考量。

没有答案，促人思考，这也正是《庄子》这本书的价值所在。他给我们展现出人间世界的千姿百态，让我们看到各种各样超越"常规"的人与事，开阔我们的眼界，促进我们的思考，让我们在困惑与反思中，激荡起一轮又一轮的头脑风暴。

知识小贴士：

从桔槔到水车——古人打水的"机心"

在古代，灌溉是农业的头等大事。水往低处流，为了把低处的水引到高处的农田里灌溉，古人琢磨出了各种各样的"机心"。最早的时候，人们用桔槔打水。到了东汉时期，出现了"翻车"。翻车由一个木制的水槽、一大一小两个轮轴和若干龙骨状的叶片组成。使用的时候，大轮轴浸入低处的水中，人们拨动小轮轴，就可以省力地把水带到高处进行灌溉了。到了隋唐时期，又出现了"筒车"，形似大车轮，轮毂（gǔ）上挂满竹制的小桶，置于水边，流水推动筒车转动时，小桶和里面的水就被提到了高处。这些"机械"极大地推动了古代农业的进步。

四、奇幻的大自然

　　庄子不仅展现出精彩的"人间世"，更带我们走进充满奇幻的大自然。

　　他笔下的大自然，万物皆有灵性。无论是广阔的东海、参天的大树，还是水击三千里的鲲鹏、寿长五百年的大龟，抑或是蹦蹦跳跳的小猴子、战无不胜的斗鸡、井底骄傲自满的小青蛙，都给我们带来心灵的启示。

　　那么，就让我们一起走进《庄子》中的自然世界吧。

（一）骄傲自满的黄河

　　黄河，是中华民族的母亲河。它发源自遥远的巴颜喀拉山，滚滚东流，九曲波折，历经万里之遥，最终流入浩瀚的渤海。如果你到过黄河的话，站在岸边，远远眺望，一定会为它汹涌的波涛、宽广的河面，以及无穷无尽的奔流感到震撼。就是这样一条大河，在《庄子》中被拟人化了，他就是黄河之神——河伯。

　　这是一位什么样的神灵呢？请看：

 一起读庄子

> 秋水时至，百川灌河，泾流之大，两涘（sì）渚（zhǔ）
> 崖之间，不辨牛马。于是焉河伯欣然自喜，以天下之美为
> 尽在己。顺流而东行，至于北海，东面而视，不见水端。
> 于是焉河伯始旋其面目，望洋向若而叹曰："野语有之，
> 曰'闻道百，以为莫己若'者，我之谓也。且夫我尝闻少
> 仲尼之闻而轻伯夷之义者，始吾弗信；今我睹子之难穷
> 也，吾非至于子之门，则殆矣。吾长见笑于大方之家。"
>
> ——《庄子·外篇·秋水》

一年四季，到了秋天，缠绵的秋雨洒落大地，黄河之水也开始上涨了。无数条小河中的水流，都汇集到黄河之中，让它一下子"膨胀"起来。你看，那宽广的水流如此浩瀚，以至于站在黄河两岸，或是站在河中的小洲上，向对岸遥遥望去，连岸边的牛马都分辨不清。

这是黄河最强大的时候，河伯感受着自己的力量，不禁得意扬扬。他的心中欢喜极了，认为天下的美都在自己身上，不知道巨浪轰隆隆的声音，是不是黄河在开心地唱歌。就这样，河伯顺着水流一路东行，直到北海，朝东望去，竟然完全看不到大海的边际。在这一刻，他猛然意识到自己的渺小——尽管黄河巨浪滔天，但与浩瀚无尽的大海相比，也不过是涓涓细流啊。

于是，河伯改变了自得的表情，有些忸怩地看着北海的海神——他的名字叫"若"，慨叹道："俗话说'有些人听的道理很多，就扬扬得意，认为天下没有谁比得上自己'，这种沾沾自喜的人，说的就是我啊！我还曾听说有人认为孔子懂的东西太少，伯

夷的高义不值得看重，一开始我还不相信；现在看到了您的广阔无穷，我开始有些相信了。唉，如果不是见到您，我就像个小丑一样，会被那些懂得大道的人所嘲笑啊！"

咦，河伯见到了广阔的大海，惊叹之余，为什么要提"孔子"和"伯夷"呢？这就是庄子的寓言之处！

在先秦时期，精通"六艺"的孔子，被认为是最为博学的人；"不食周粟"的伯夷，被认为是最守道义的人。庄子笔下的黄河之神，象征着这些世俗意义上的伟大人物。他们看起来非常了不起，仿佛高不可攀，但如果站在大道的角度上，也都是极为渺小的。换言之，在追求大道的过程中，一个人的智

慧与境界本是无穷无尽的，但如果谁开始变得骄傲起来，便掉进了自满的陷阱，再难有所进步了。

至于庄子笔下的海神，则象征着那些超凡脱俗的有道之人。他们的生命格局极为广阔，让河伯惊叹不已。北海若对河伯说："井底之蛙没见过大海，夏天的小虫子没见过寒冰，它们眼界狭窄，是讲不清楚什么道理的。如今你见到了大海的广大，意识到自己的渺小，就不再是孤陋寡闻了。哈哈哈，我可以跟你谈一谈大道了！"

听了这话，河伯更不好意思了，恭恭敬敬地说："还请您赐教啊！"

海神点了点头，大海上便掀起了一阵巨浪。他说："你看大海广阔吗？天下的水，没有比海洋更大的了。每一条河流都注入大海，日日夜夜，但永远装不满它。无论春天还是秋天，无论水灾还是干旱，大海都没有什么变化。"

"对对对，您太伟大了！"河伯连连点头，满眼都是崇拜的小星星。

"错啦！我也和你一样渺小！"海神严肃地说，"我从来不敢自满，你知道为什么吗？因为我见过天地的广阔境界啊！把东海放到天地宇宙之间，它也不过就像大山中的一块石头、一棵小树一样，微不足道！人啊，一定要懂得自己的渺小，才能接近大道！"

河伯听了，若有所思。他让自己的滚滚波涛，融入到广阔的大海之中，融入到无穷的宇宙之中，慢慢地，洗刷掉了自满与傲慢，接近了大道与无穷……

你明白庄子要讲的道理了吗？人要避免骄傲自满，否则就会故步自封，再也没办法超越自己。那么，一个人如何做到不自以为是呢？庄子借海神之口告诉我们，这需要不断地拓宽境界，在更为广大的格局中理解自己、理解世界。如果一个人能有"天地大观尽游览"的心胸气度，他一定是虚怀若谷的，拥有一种来自谦虚的大智慧。

说起来，真正的智慧就来自于我们的自知之明。你知道古希腊的大哲学家苏格拉底吗？他曾被誉为雅典最聪明的人。苏格拉底说过一句非常经典的话："如果我比别人多知道一些道理的话，那就是我知道自己一无所知！"你看，中西哲人的智慧是相通的呢。

知识小贴士：

古代传说中的河伯

黄河之神河伯，在古代传说中是一个风流的公子哥的形象。在屈原的《九歌·河伯》中，河伯驾驶着蛟龙拉的大车，与漂亮的女子一起畅游天地，登上高峻的昆仑山，跨越浩瀚的江河湖海，与鱼鳖鼋鼍（yuán tuó）为伴，掀起巨大的波浪，好不潇洒自在！另一方面，时常泛滥的黄河又给周边的百姓带来极大的灾难，因此河伯又被塑造得非常残暴。在《史记》"西门豹治邺（yè）"的故事中，邺县的三老、廷掾（yuàn）联合祝巫以河伯讨要年轻女子当老婆，如果不给，就要发大水把两岸都淹掉的说法，蒙骗百姓，向百姓征收赋税搜刮钱财。其中所借用的"河伯娶妇"的传说，也从侧面反映了早期黄河时常泛滥的地理现实。

（二）一无是处的参天大树

庄子擅长"大观"，从广阔的宇宙境界中理解自我的渺小，看破世间的得失。因此，在《庄子》中也有各种各样的"大家伙"——横亘千里的大鱼，遮天蔽日的大鹏，活了几千年的神龟，还有一棵上百个人都抱不过来的大树！

匠石之齐，至乎曲辕，见栎（lì）社树。其大蔽数千牛，絜（xié）之百围；其高临山，十仞而后有枝；其可以为舟者，旁十数。观者如市，匠伯不顾，遂行不辍。弟子厌观之，走及匠石，曰："自吾执斧斤以随夫子，未尝见材如此其美也。先生不肯视，行不辍，何邪？"曰："已矣，勿言之矣！散木也，以为舟则沉，以为棺椁则速腐，以为器则速毁，以为门户则液樠（mán），以为柱则蠹（dù），是不材之木也。无所可用，故能若是之寿。"

——《庄子·内篇·人间世》

有一个叫匠石的人，是战国时期非常著名的木匠。有一次，他带着一群弟子去齐国做活儿，走到曲辕这个地方，看到一棵非常巨大的栎树。它的枝叶无比茂密，可以让几千头牛在树荫下乘凉。上百人手拉着手，都不能抱拢它的树干。树木高大无比，一直向上生长，比旁边的小山还要高，然后才长出枝杈。那些分散而出的小枝也十分粗大，如果砍伐下来，都能做成一条条独木舟！

如此巨大的树，真是平生罕见，观看它的人像赶集一样多，匠石却脚步不停地往前走，看都不看一眼。他虽然走了，弟子们却十分好奇，把大树好好地看够了，才追上师父，忍不住开口问道："自从我们跟您学艺以来，还没见到这么好的木材。先生您却为何不屑一顾呢？"

"得了，快别提那棵树了！"匠石有些生气地说，"这种木头，是毫无用处的散木啊！用来做船很快就会沉底，用来做棺材迅速就会腐烂，打成家具不久就要散架，做成大门还要往外渗油，哪怕是做个柱子也招虫子！说白了，这就是个'废柴'啊！正是因为一点儿用也没有，所以才能像那样长寿。"

弟子们听了，觉得师父说得很对，纷纷散去。没想到，匠石晚上做了一个奇怪的梦。在广阔的田野上，有一个无比高大的巨人，缓缓地向自己走来。走到近前，只见他满身都是绿色，身上挂满了藤条。

"你是谁？"匠石惊恐地问道。

"我就是你看不起的那棵大树啊！"原来，这位巨人是大树之神。

"你……有什么事情吗……"

"我来问你，你是把我和那些有用的树木相比吗？什么山楂树、梨子树、橘子树、柚子树，它们倒是'有用'了，果子一熟，就要被人扭断枝叶，摘下果实，断枝残叶落满一地！还有那些你眼中的好木材，刚刚能用手握过来，就被砍下来做拴猴子的木桩。长到三围四围，还会被拿去做房梁。就算运气极好，能够长到八围九围，也少不了被有钱人砍去做棺材！这些'有用'的树啊，可都是自取其祸！"

匠石听了，恍然大悟，他忍不住问道："那您的'无用'，难道是有心为之吗？"

"哈哈哈，当然了！"大树说道，"我活了很多很多年了，多少次了，差点儿被樵夫拿着斧头砍死。幸亏我是一根'废柴'，才能活到今天，长得如此庞大。"

匠石醒来之后，沉吟良久，大树的话让他陷入了深深的思索——我原来认为人也好，东西也好，都应该"有用"。没想到，"无用"却也无比重要，这是一种难得的大境界！

大树用"无用"来获得了自我保全，最终呈现出一种极为高大伟岸的面貌。这个故事和"无用的大葫芦"的道理是相通的，不是说让一个人变成废物，一无是处，而是不能局限于功利的眼光，要善于把握"无用之大用"的根本境界。

没用的大树——樗（chū）

在《逍遥游》中，惠子向庄子提到了又一种没有用的树——樗，它的树干臃（yōng）肿畸形，没法当栋梁；树枝卷曲开裂，连柴火都没法做——真是个大而无用的家伙！但是庄子却说，为什么一定要以能不能"用"来评判这棵大树呢？让它在广袤的原野中自由生长，活泼的小动物在它周边快乐嬉戏，过往的行人可以在它的树荫下休息乘凉，压根不担心木匠会挥着斧子来伤害它，岂不是比被人砍伐好太多了吗？自由快乐的"无用"，是一切狭隘的"用"都比不上的。

（三）傻傻的小猴子

《庄子》笔下的大自然里，不仅有"大家伙"，也有"小机灵"。有的动物充满智慧，也有的动物愚蠢得不行。哪种动物最愚蠢呢？那就是山林中的小猴子！

真的假的？猴子不是一种很机灵的小动物吗？怎么说它们是愚蠢的呢？要知道，正是因为小猴子喜欢抖机灵，所以才是真正的蠢。它们不仅蠢，还蠢得各有千秋。比如我们熟悉的"朝三暮四"这个成语，最早就出自《庄子》。

一起读庄子

何谓"朝三"？狙（jū）公赋芧（xù），曰："朝三而暮四。"众狙皆怒。曰："然则朝四而暮三。"众狙皆悦。

——《庄子·内篇·齐物论》

有一种猴子名叫狙，是一种自以为是的暴躁猴儿。它们特别喜欢吃橡子，养猴的人来喂它们："小猴子，来吃橡子了。早晨给你们三颗，晚上给你们四颗，怎么样？"

暴躁的小猴子一听就发火了："不行不行，这太少了，哪里够吃！"

养猴人不恼不怒，眼珠一转，灵机一动，点头说道："对对对，是有点儿少，那这样，早晨给你们四颗，晚上给你们三颗，可以了吧？"

小猴子一听，开心极了！它们一边拍手，一边说："这还差不多，就这么定了！"

就这么简单一换，明明还是一天七颗，就把暴躁的小猴子糊弄住了，你说它们傻不傻？早晨三颗，晚上四颗，这便是成语"朝三暮四"的出处。庄子用愚蠢的小猴子来讽刺那些聪明反被聪明误的人，他们既"聪明"，又固执，觉得自己的判断完全没问题。有时候，明明两件事情没有任何区别，他们却像朝三暮四的猴子一样，挑三拣四、强行分别，让自己狂躁不已，实在没有必要。

当然，现在的"朝三暮四"已经演化成其他含义了，形容一个人容易变心，没有定准。今天想学钢琴，明天想学滑冰，后天又开始画画了——没有恒心，变来变去，什么事情都做不好。这种朝三暮四，更不可取。

除了暴躁猴，庄子还描绘了一只骄傲自满、自以为是的"嘚瑟猴"。

> 吴王浮于江，登乎狙之山，众狙见之，恂（xún）然弃而走，逃于深蓁（zhēn）。有一狙焉，委蛇（wēi yí）攫（jué）搔，见巧乎王。王射之，敏给搏捷矢。王命相者趋射，狙执死。
>
> ——《庄子·杂篇·徐无鬼》

有一天，一群猴子在山间玩耍，突然过来一队人。群猴探头一看，这不是声名显赫的吴王吗？他怎么过江来猴山了？

有危险！众猴迅速藏到密林深处，悄悄地观察吴王。可偏偏有一只"勇敢"的小猴子，噌噌噌跳到吴王面前，自在地蹦来蹦去，上下翻飞，还冷不丁伸出爪子挠挠自己。所有表现都在说："嘿，你看我的好身手！"

"在我面前嘚瑟，显摆你功夫好？"小心眼的吴王不高兴了，"本大王见的猴子多了，没见过你这么不懂事的。"

说时迟，那时快，吴王弯弓搭箭，箭如流星，嗖嗖射去。不料那猴子手疾眼快，一把抓住箭，不躲不跑，冲着吴王龇牙笑，仿佛在说："射不到，笨死啦！"

"好你个死猴子，还会空手接箭？"吴王气不过，又是搭箭就射，猴子一跳，再次躲开。这回吴王勃然大怒，回头命令随从："都给我射它！"嗖嗖嗖，顷刻间乱箭齐发，如密雨一般袭来。小猴子功夫再好也抵抗不住，很快，它身上插满了无情的箭矢，倒地死了。

其实，吴王并不是一开始就想杀小猴子，他的心理变化有个过程。他带人上山，所有猴子都跑了，唯独这只不跑，让他十分好奇。紧接着，这只猴子来到他面前，没完没了地炫技，惹得他心烦意乱。吴王开始生气，搭弓射箭，几次没射中，更是勃然大怒。于是一声令下，导致小猴子最后悲惨的结局。

吴王身边的随从看得清楚，这只猴子仗着身手轻盈，有恃无恐，在吴王面前炫技，才引来杀身之祸。这名随从暗下决心，做人行事绝不骄傲，他回去修身养性，踏踏实实磨炼品格，三年后即得到全国人的称赞。

在庄子笔下，无论是暴躁猴还是嗫嚅猴，都自以为是、骄傲自满，实在不算聪明。当然，这都是庄子的寓言，他是要讽刺那些缺乏智慧和修养的人，讽刺那些喜欢夸耀、过分张扬的人。这种浮躁的状态，会让一个人内心躁动，无法沉静，在成长的过程中多走弯路。这些小猴子给我们树立了负面的典型，每当想起它们，我们就要时刻警醒，不要自以为是，不要骄傲自满，不要自我膨胀。只有

我们的内心更加丰富、沉静与谦虚，才能活出精彩而理想的人生。

知识小贴士：

人模"猴"样——沐猴而冠

　　《史记》记载，秦代末年，项羽攻入咸阳。有谋士劝他："关中地区土地肥沃，山河险固，提前把这一块牢牢占住，必能称王称霸。"但项羽看到关中被战火烧得如此残破，又想在家乡父老面前炫耀自己的成就，执意要东归返家。于是谋士愤愤地说："都说项王是沐猴而冠，我看确实是这样！"沐猴就是猕猴。猕猴戴上人的帽子，装成人的模样，但横竖看都不是人。言下之意是说，项羽尽管有"西楚霸王"的名号，但是见识浅薄，压根就当不了真正的王者！果不其然，后来刘邦占据关中，最终打败项羽，一统天下。"沐猴而冠"这个成语也流传至今，成为了才德不配其位的代名词。

（四）井底之蛙的真实寓意

　　庄子有个特别的爱好，他很喜欢对比。在《庄子》中，巨大的与渺小的一同出场，长寿的与短寿的一同出场，智慧的与愚蠢的一同出场……

　　比如说，《逍遥游》中有遮天蔽日的大鹏，直上九万里的高空；

也有一丁点儿大小的斑鸠，扑棱扑棱翅膀，跳到旁边的矮树枝上；有八千年为春的大椿树，也有活不过一天、朝生暮死的菌类。这一大一小、一长一短、一高一低的形象，形成鲜明反差，让人印象深刻。这就是庄子著名的辩论方法——大小之辩。在他的故事里，总有"大"和"小"，那些深奥难懂的道理在"大"和"小"的对照中，清晰地展现出来。

今天要讲的"小"是谁呢？哈，是只小青蛙！

子独不闻夫坎井之蛙乎？谓东海之鳖曰："吾乐与！出跳梁乎井干之上，入休乎缺甃（zhòu）之崖；赴水则接腋持颐，蹶（jué）泥则没足灭跗（fū）；还虷（hán）、蟹与科斗，莫吾能若也。且夫擅一壑（hè）之水，而跨跱（zhì）坎井之乐，此亦至矣。夫子奚不时来入观乎？"东海之鳖左足未入，而右膝已絷（zhí）矣。于是逡巡而却，告之海曰："夫千里之远，不足以举其大；千仞之高，不足以极其深。禹之时十年九潦，而水弗为加益；汤之时八年七旱，而崖不为加损。夫不为顷久推移，不以多少进退者，此亦东海之大乐也。"于是坎井之蛙闻之，适适然惊，规规然自失也。

——《庄子·外篇·秋水》

有一只住在井里的小青蛙，觉得自己非常快活。有一天，它见到了"东海之鳖"，也就是住在遥远东海里的大乌龟。

"嗨，大乌龟，你听我说啊，我活得可开心、可自在了。"小青蛙得意地说。

"你如何开心，如何自在呢？"大乌龟有点儿好奇。

"这个嘛，我想出门散步时，就跳出井底，去井上逛一圈。逛累了想休息，再咚一下跳回来。井壁上正好有个缺口，我躲进去，就能安安稳稳睡大觉。是不是很悠闲？"

大乌龟想了想，没说话。

小青蛙接着说："还有呢，井水很浅，才到我的胳肢窝，游泳的时候也不怕被淹到；我如果这么趴在水里，两只手托着下巴，水就能把我的身体洗干净。而且呀，这井里不但有水，还有泥呢，泥浅得只能没过我的小脚丫，我没事就能蹚蹚泥。哎呀，太自在了！井里蚊子的幼虫、小螃蟹、小蝌蚪，都没我快乐！"

小青蛙越说越得意，索性对大乌龟说："我独占一坑水，盘踞一口井的快乐，真正是称心如意。你呀，要不来我家参观一下？"

大乌龟想了想，点点头。可它刚要迈进井里，左脚还没进去，右脚已经卡在井沿上了。

"唉，你家太小，我实在进不去，"大乌龟徘徊一阵，把脚拔出来，"小青蛙，你听说过大海吗？"

什么是大海，小青蛙还真不知道。

"大海是我的家。海很大，千里万里都不足以形容它的广阔；海很深，上千米的高山都不足以形容它的深邃。当年大禹治国，十年有九年发洪水，可大海也不会因此满溢；商汤治国，八年有七年大旱，可大海也不会因此变浅。不因为时间长短而改变，不因为雨水多少而增减，这就是海，是我的家——住在这样的大海里，才是真正的快乐呢！"

井底的小青蛙完全愣住了，世界上还有这么广大、这么浩荡无垠的空间吗？它哑口无言，再不扬扬自得了。

这就是"井底之蛙"的故事，这个成语故事来自《庄子》。小青蛙住在井底，用自己有限的生活经验，想象外面的大千世界，实在是目光短浅。庄子的"大小之辩"再次出现，小小的井和广阔无垠的大海形成鲜明对比，读之不忘。

不过，我们平时看到的故事版本是不全的。在《庄子》原文里，井底之蛙的故事出自公孙龙和魏牟的一次对话。这个故事的真实寓意，还是要讽刺那些自以为聪明的人。

公孙龙是谁呀？他和惠子一样，都是战国时期名家的代表人物。他有两个特别著名的逻辑诡辩——"白马非马"和"离坚白"。什么是"白马非马"呢？"白"是颜色，"马"是形体，"白"和

"马"是两个角度，不是一回事。因此，"白马"就不等于单纯的"马"了。

什么是"离坚白"呢？公孙龙在辩论时指出，一块坚硬的白石头，用眼看，无法分辨是否坚硬，只能看到它是白色的；用手摸，不能分辨什么颜色，只能感到它是坚硬的。所以，这个世界上只有白石头和坚硬的石头，没有坚硬的白石头——公孙龙把"白石"和"坚石"分离成两个概念，这个诡辩被简称为"离坚白"。

听到这些诡辩，你是不是被绕蒙圈了呀，简直是神逻辑！可就是这么一个辩论高手，生生地被庄子比下去，搞抑郁了。

自尊心被庄子伤成渣的公孙龙，向自己的朋友魏牟求救："老魏，你帮我评评理！我从小学习先王之道，长大后精通仁义之理，口才又贼好，既会'白马非马'，还能'离坚白'——错的我能说成对的，黑的我能说成白的！在辩论这个领域，我说自己天下第二，没人敢说天下第一！"

魏牟听了，附和着点点头："嗯嗯，你是挺厉害的！那你让我评啥理？"

"我不明白的是，我这么无敌，怎么就比不上庄子呢？一听他的话，我心里面都蒙圈了！"公孙龙不服气地说。

魏牟也是够真诚，损起朋友来生动形象、一针见血。他先是哈哈大笑，接着就给公孙龙讲起了"井底之蛙"的故事，最后还不忘犀利地总结几句："你的才智，太刻意了，说白了就是诡辩啊。庄子的智慧，才是符合自然之道！你不能领会大道，只为自己的一点点口才沾沾自喜，这不就是井底之蛙吗？"

"老魏，你这话说的……"公孙龙恼羞成怒，有点儿着急。

"这是大实话！依我之见，庄子的智慧上摩苍天，下及黄泉，不分南北，深不可测。可是你呢，竟然想用辩论的方式来探求他的真谛。你难道不知道，语言往往是无力的，难以接近大道。你的做法，就像用竹管去窥视苍天，用锥子去测量大地，太可笑了！"在魏牟这句话中，又产生了一个成语——管窥蠡（lí）测。

还没等公孙龙反应过来，下一盆凉水又来了！

"你知道'邯郸（hán dān）学步'的故事吗？有个小子听说赵国邯郸的人，走起路来特别有风度，专门跑过去学。结果呢，不仅没学会赵国人走路，连自己怎么走路也忘掉了，只能一边哭鼻子，一边爬着回家。你也一样，总想着琢磨透庄子，小心学他学不成，把你原来的本领也忘掉了。"就这样，魏牟又贡献了一个成语——邯郸学步。

公孙龙终于明白了自己和庄子的差距，凄凄凉凉地走了。在这个故事里，庄子真可谓"火力全开"，毫不留情地鄙视那些"名家"——擅长辩论的人。这是为什么呢？在他看来，辩论仅仅是一种思维的技巧，看起来非常高明，但并不能让人领悟真正的智慧。

一起读庄子

"白马非马"也好，"离坚白"也好，这些精妙的诡辩，有助于人们更好地认识事物吗？有助于人们走向大道吗？它只会让人沉浸其中，越辩论，越骄傲；越辩论，越偏激。因此，他展开了毫不留情的讽刺，还给我们留下了三个精彩的成语。

问题来了，尽管庄子反对辩论，但辩论真的就完全一无是处吗？庄子难道不也是一个非常善于辩论的人吗？某种意义上，庄子是用辩论的方式来反对辩论。那么，这是不是意味着他自相矛盾了？对此，我们又该如何理解呢？

知识小贴士：

名家产生的历史背景

《汉书·艺文志》说："名家者流，盖出于礼官。"所谓礼官，就是掌管典章礼仪的官职。古代的礼仪非常烦琐，不同的场合、不同的身份，都有着不同的名号和仪式，这就需要专门的礼官进行辨析，名家的学术即源于此。战国时期的名家，将辨析的范围扩大到世界的方方面面，运用语言的技巧也越发精致，衍生出了一批"白马非马""离坚白"这样的古怪命题。司马迁的父亲司马谈在《论六家要旨》中说"名家苛察缴绕，使人不得反其意"，名家的话术太琐碎曲折了，以至于人们都不知道他们到底在说什么。这一批评，可谓正中要害。

（五）斗鸡中的战斗鸡

讲完了小猴子、小青蛙的故事，庄子又想起一种古人生活中常见的小动物——鸡。

庄子笔下的鸡，可不是手到擒来、味道鲜美的"弱鸡"，而是神气活现的斗鸡！要知道，鸡是人类经过漫长岁月驯化来的家禽，庄子时代的鸡可一点儿也不弱，刚刚被驯服的野鸡，拍拍翅膀，就能飞到高高的木桩上。《诗经·国风·君子于役》里有"鸡栖于桀"一语，说的就是到了晚上，鸡要飞到架子上休息。

会飞的鸡，是不是很神气、很威风？

鸡很神气，古人还兴起了一种游戏，他们挑选两只体形魁梧、健壮勇敢的鸡，将它们圈到一起，看它们互相啄，直到分出胜负。这种娱乐活动叫斗鸡。

 一起读庄子

　　说起来，斗鸡可有两千多年历史了。在庄子的时代，很多王公贵族都喜欢斗鸡，他们斗鸡的方式也相当激烈——为了赢得比赛，不但要把鸡训练得勇猛善战，还会给它们配备秘密武器。在《左传》中，有一场关于斗鸡的记载，场面十分诡异。

　　话说鲁国大夫季平子和郈（hòu）昭伯斗鸡，季平子为了获取胜利，给鸡翅膀抹满了芥末，对方的鸡只要靠近，就会打喷嚏、流眼泪，战斗力减半。这要放到今天，就是"化学战"！郈昭伯也不甘示弱，他做了一副铮光闪亮的铁爪，套在鸡爪上！这一个化学战，一个物理战，芥末鸡大战金爪鸡。结果，还没等芥末鸡把芥末撒出去，金爪鸡就把它挠得头破血流，很快，芥末鸡宣布惨败。

　　庄子也讲斗鸡的故事，他的鸡也是这么凶猛彪悍吗？也要靠芥末和铁爪吗？还是有别的秘密武器呢？当然不是，智慧的庄子怎么会走寻常路呢？

　　纪渻子为王养斗鸡。十日而问："鸡已乎？"曰："未也。方虚憍（jiāo）而恃气。"十日又问。曰："未也。犹应向景。"十日又问。曰："未也。犹疾视而盛气。"十日又问。曰："几矣。鸡虽有鸣者，已无变矣，望之似木鸡矣，其德全矣；异鸡无敢应者，反走矣。"

　　　　　　　　　　　　　　——《庄子·外篇·达生》

　　纪渻子是一代斗鸡大师，培训了很多厉害的斗鸡，天下闻名。有一天，齐王带着一只鸡来找他。"纪渻子，帮我把这只鸡训练成鸡中霸王，要多少银子，你随便提！"齐王满怀期待地说。

　　"没问题，尽管交给我。"纪渻子接过鸡，信心满满。

过了十天，齐王就忍不住来问："怎么样，这只鸡有没有练出绝世武功？"

纪渻子摇头："不行不行，您这只鸡，目前还是'虚憍而恃气'。"

"虚憍而恃气"说的是，这只鸡很骄傲！这并不是因为它有绝世武功，而是因为脾气暴躁，看见别的鸡就生气，很想比试比试。这种愤怒鸡，只善于吓唬别人（别鸡），虚张声势，没有真正的本事。

"辛苦您再等等吧。"纪渻子对齐王说。

又过了十天，按捺不住的齐王又来了："纪渻子啊，我的鸡训好了吗？"

"哎，不行不行，它现在'犹应向景'。"纪渻子慢悠悠地说。

"犹应向景"？"向"是"响"的通假字，"景"是"影"的通假字。也就是说，这只鸡现在反应灵敏，它好好地站在那儿，若有人突然学鸡叫，或是拿纸剪只鸡在旁边晃晃，它都会马上盯住，气呼呼扑过去。

这可是一只反应灵敏、随时进入战斗状态的鸡啊！但纪渻子还说不行，要齐王接着等。为什么呢？反应过于灵敏，也会心浮气躁，给别的鸡留下可乘之机。

到底怎么才算行啊？齐王纳闷地走了。又过十天，他又来了："嘿，老纪，这回总该好了吧？"

"不行不行，它还'疾视而盛气'呢！"纪渻子说，"您看，它时刻盯着别的鸡，眼神凛冽，盛气凌人——不不不，盛气凌'鸡'。总之是充满斗志，战意满格。但这样还不够，请您回去再等等吧。"

这都不行，那什么才算真正训练好呢？终于又过了十天，齐王实在忍不住了，过来问纪渻子："说吧，现在如何？"

纪渻子点点头："大王，您的鸡差不多已达到最高境界，品质非常完美。您看，现在有别的鸡想挑战它，它都毫无反应，看起来像一只木头做的鸡。但就是这样的鸡，没任何鸡敢挑战它，看到它都要落荒而逃。"

庄子的故事讲完了，齐王等了好久好久，最后训练出一只"木头鸡"。

等等，这不就是"呆若木鸡"吗？原来"呆若木鸡"这个成语来源于《庄子》呀，它最初指境界极高的斗鸡，是个大大的褒义词！在今天，"呆若木鸡"则成了贬义词，形容一个人因恐惧、惊讶而痴傻发呆的样子。那么，为什么它的词义会发生一百八十度大反转呢？

其实，这是成语演变的正常现象。《庄子》中诞生的"沉鱼落雁"也是这样的，这个词原本指鱼儿和大雁看到美女只会逃跑，并不会像人一样动心——人和动物立场不同，态度就不一样。现在却被用来形容美貌的女子。在漫长的历史中，成语被人们越用越错，逐渐取代了它最初的含义。词义的变化，源自时间的魔法。

让我们回到"呆若木鸡"。庄子说，这是斗鸡的最高境界，这该怎么理解呢？为什么一只看起来呆呆傻傻的鸡，竟然是最厉害的鸡呢？

在这个寓言中，斗鸡不是普通的鸡，而是活在竞争中的鸡，一定要拼个你死我活。我们的生活虽然没有这么残酷，但也总要面对竞争和挑战——考试、升学、面试，通过一次又一次的竞争，实现自己的人生价值。

在庄子看来，竞争让我们和整个世界对立起来，让人紧张，给人压力。在我们考试时，不自觉地和考题对立起来，不是我们消灭难题，就是题目干掉我们。考分有高有低，排名有先有后，同学之间也没那么轻松愉快了。带着各种各样的压力进入考场，心里紧绷绷的，特别不开心！

那么，我们能摆脱这种情绪压力吗？

当然可以！

呆若木鸡，就是《庄子》中关于精神力量的大智慧。他用斗

一起读庄子

鸡的故事告诉我们，面对竞争与挑战，既不要盲目骄傲，自吹自擂，也不要过度关注和当下无关的事。考试名次也好，竞争对手也好，都不是当下要考虑的事。我们要做的只有一件事，那就是让自己内心安定下来，除了此时此刻、全心全意的努力之外，仿佛周遭再无他物。就像那只不为环境所动，专注于当下的"木头鸡"一样。

庄子欣赏那些"呆若木鸡"的人，"举世而誉之而不加劝，举世而非之而不加沮"（《庄子·内篇·逍遥游》），全世界都赞扬，也不为此受到激励；全世界都非议，也不为此感到沮丧，不受外界分毫影响，有一颗无比坚定的内心！

知识小贴士：

中国古代的斗鸡文化

斗鸡在我国有着悠久的历史，从王公贵族到平民百姓，无不广泛参与。许多著名诗人，像曹植、刘桢、杜甫、黄庭坚等，还为斗鸡写下过精彩的诗篇。唐代陈鸿的《东城父老传》中说，唐玄宗极度喜爱斗鸡，在宫殿中设置了专门的鸡坊，圈养着数以千计的雄鸡，从军队中挑选五百小儿专门驯养。民间常常于清明时节举行斗鸡戏，为了好的斗鸡，朝中达官贵人甚至不惜一掷千金。

（六）螳螂捕蝉，黄雀在后

纪渻子训练的"木头鸡"之所以天下无敌，就在于"专注"的力量。当它聚精会神，不为外在的环境所动，别的鸡就再也无法战胜它。但是，一个人的智慧与力量，是不是只体现在"专注"上呢？庄子也会告诉我们，专心致志固然重要，但却不是唯一的法宝。有时候，过于注意具体的事物，反而会遗漏丰富多彩的世界，钻进牛角尖，甚至遭遇危险。

在《庄子》中，有一个我们都十分熟悉的成语，说的就是这个道理——"螳螂捕蝉，黄雀在后"。

噢，原来这个脍炙人口的成语，也出自《庄子》。没错！在黄雀后面，虎视眈眈地举起弹弓的，就是庄子本人呢。

> 庄周游乎雕陵之樊，睹一异鹊自南方来者，翼广七尺，目大运寸，感周之颡而集于栗林。庄周曰："此何鸟哉，翼殷不逝，目大不睹？"蹇（jiǎn）裳躩（jué）步，执弹而留之。睹一蝉，方得美荫而忘其身；螳蜋执翳而搏之，见得而忘其形；异鹊从而利之，见利而忘其真。庄周怵然曰："噫（yī），物固相累，二类相召也！"捐弹而反走，虞人逐而谇（suì）之。
>
> ——《庄子·外篇·山木》

在雕陵这个地方，有一片茂密的栗子林。庄子来这里游玩，忽然间，看见一只非常巨大的鹊鸟从南方飞来——没错，这个成语一开始说的是"鹊"，而不是"雀"，这是一只相貌古怪的大鸟。

这只"鹊"长成什么样呢?它的翅膀非常大,足足有七尺宽,放到今天有一米多长了。更奇特的是,它的眼睛也很大,直径足足有一寸长。眼睛大,翅膀宽,但它好像飞不了多远,晃晃悠悠就冲着栗子林飞过去了。而且,眼神还不太好,降落的时候,差点儿蹭着庄子的额头。

"这是个什么鸟,真怪!翅膀虽宽,却飞不远;眼睛虽大,视力却差。"庄子心里嘀咕着,"既然你没啥本事,那我就不客气了,用弹弓把你打下来吧!"

庄子动了"杀心",于是把衣裳撩起来,蹑手蹑脚地快步走过去,手中紧握弹弓,等待时机,想一发命中!

有意思的是,鹊鸟虽然面临致命危险,但似乎一点儿也觉察不到。它的眼睛瞪得大大的,仿佛在盯着什么东西一样。

"咦,它在看什么?"庄子有些好奇,他顺着鹊鸟的目光一看,发现了非常有意思的一幕。只见栗子树上趴着一只蝉,正在浓密的树荫中休息,微风吹来,它也自得其乐,"知了""知了"地叫着。

鸣蝉虽然悠然自得,但全然不知已经陷入危险:在树叶后面,躲着一只碧绿色的螳螂。它高举两把"大刀",身体微微缩起,仿佛随时可以一跃而上,捕杀鸣蝉!

螳螂志在必得,但也没有意识到自己的危险:不远的

树枝上，那只鹊鸟紧紧地盯着它，两只巨大的眼睛瞪得溜圆，仿佛一嘴下去，就能让螳螂粉身碎骨。

螳螂捕蝉，鹊鸟在后。谁都沉浸在自己的"舒适区"中，谁都专注于自己的猎物，以至于忘记了身后的危险。庄子拿着弹弓，瞄准鹊鸟，正准备发出致命一击。

突然，在电光石火的一瞬，他猛然醒悟了！

"哎呀呀！物类本就相互牵聚，彼此之间既对立又相互召致。蝉也好，螳螂也好，鹊鸟也好，它们见到眼前的好处，就完全忘掉了自己的处境，浑然不知危险。我在这里聚精会神地瞄准，跟它们又有什么区别呢？我是不是也为利所困，迷失了自己的灵明呢？不行，我可不能这样痴迷！"

想到这里，庄子唰的一下，扔掉弹弓，掉头就走。没想到，看树林的人已经盯上他了，拿着棍子追了过来："你在这里干什么？说，是不是想偷栗子？"

幸亏庄子跑得快，否则少不了要挨棍子。回到家中，庄子连着好几天都郁郁寡欢，很不开心的样子。弟子们问他，庄子感慨地说："人要是过于专注于眼前的事物，就难免会一叶障目，沉浸在细节之中，既忘记自己的处境，也看不到完整的世界啊！"

庄子就是这样的人，用智慧来摆脱偏执，从更宏大的视角去分

一起读庄子

析事物而不陷于矛盾之中。他告诉我们，专注意味着强大的精神力量，想要做成一件事，必须要有专心致志的本领。与此同时，人如果过于专注，也会陷入狭隘与偏颇之中，无法看清丰富多彩的大千世界，甚至连自己的危险都意识不到。

庄子游走在大自然中，从无限广博的江河湖海，到气势磅礴的参天大树，再到渺小有趣的青蛙、猴子、斗鸡、鹊鸟，都能从中吸取人生的智慧。可以说，他是一个善于观察自然、品读自然的人。

大自然，是庄子最好的老师。

"舒适区" 的小黄雀

在《战国策》中，还有一个类似"螳螂捕蝉，黄雀在后"的故事。楚国大臣庄辛劝楚襄王整顿国政，楚襄王不以为然："寡人的日子可快活了，整顿什么！"庄辛说："您看外面的黄雀，平时悠游自在，饿了就啄地上的米粒，累了就往高树上栖息。这日子快活吧？可是它哪里知道，年轻公子们早就拿着弹弓鸟网等着它了，早上在林间飞翔，晚上可能就端上了人们的餐桌。黄雀的事情是小，可如果换作万人之上的君王，又该怎么办呢？"楚襄王一听这话，吓得脸都变了色，浑身直打哆嗦。小黄雀的故事告诉我们，局限在"舒适区"可不是好事情，只有把视野放宽，才能更清醒地认识自我和世界噢！

五、人生的真智慧

翻开《庄子》这部书，里面充满了各种各样的智慧故事，给我们的生活带来启发。

庄子的思维方式与众不同，他非常善于"逆向思维"，从一般人想不到的角度切入，帮助我们突破自己的思维定式，更完整、更深刻地认识世界。

（一）学会量力而行

在生活中，我们总会面对各种难题、各种挑战。有人会说："面对困难，要克服它，迎难而上，做真正的英雄。"也有人会说："面对困难，要有韧性，不经历风雨，怎么见彩虹？再坚持一下，就是最后的成功！"

庄子会怎么说呢？他当然还是要从故事讲起了。

话说鲁国有一位叫颜阖的贤者，被卫灵公请去做太子蒯聩（kuǎi kuì）的老师。在中国古代，太子的老师是个尊贵的职位。但这次可不是什么好差事，这位太子可不好教导，他性情暴躁，为人凶残，肆虐无道，人尽皆知。大家都替颜阖担心，这种学生可怎么教啊？

　　颜阖心中也很纠结，他充满忐忑地来到卫国，一进国都，先去拜访了蘧伯玉。蘧伯玉是谁呀？他是卫国鼎鼎大名的贤臣，足智多谋，他还是孔子的好朋友，是孔子最佩服的人之一。

　　见了颜阖，蘧伯玉先是客气了一句："颜兄，恭喜你要给太子当老师了！"

　　"恭喜啥啊，我这正犯愁呢！"颜阖满面愁容地说，"伯玉兄，你们这位太子，天性凶残，动不动就要杀人。如果我只是挂个太子老师的名头，不去教育他，那他就会危害国家。可如果我要是直言进谏，弄不好的话，他会把邪火撒到我身上，我就有生命危险。左

右为难，我该怎么办呢？"

蘧伯玉听了，连连摆手："不行不行，当然不能直言进谏了。"

他对颜阖仔细分析道："给太子当老师，太难了！你要是顺着他来，那就是同流合污；要是逆着他来，又容易惹祸上身，甚至有性命之忧。无论如何，先别急着直言进谏！"

颜阖听了，依旧愁眉不展："再为难，也总得有个解决办法吧。不行的话，还是直言进谏吧！至少落个心里痛快！"

蘧伯玉一看，颜阖这是有点儿钻牛角尖了，说不通，干脆给他讲个小故事吧：

> 汝不知夫螳螂乎？怒其臂以当车辙，不知其不胜任也，是其才之美者也。戒之，慎之！积伐而美者以犯之，几矣！汝不知夫养虎者乎？不敢以生物与之，为其杀之之怒也；不敢以全物与之，为其决之之怒也。时其饥饱，达其怒心。虎之与人异类，而媚养己者，顺也。故其杀者，逆也。夫爱马者，以筐盛矢，以蜃（shèn）盛溺。适有蚊虻（méng）仆缘，而拊之不时，则缺衔毁首碎胸。
>
> ——《庄子·内篇·人间世》

"你不了解那螳螂吗？它高举大刀，显得非常威武，但再厉害也是只小虫子啊！"蘧伯玉用螳螂来做比喻，"你想想看，面对残暴无道的卫国太子，要是直言不讳地批评他，让他改正错误，就像一只小螳螂站在路中，奋力举着双臂，阻挡对面滚滚而来的车轮。它自以为两把锯齿大刀是武器，却不知道自己哪有拦车的力量，把自己的才能看得过高，只会被车轮碾得粉碎！"

这就是成语"螳臂当车"的出处。蘧伯玉用小螳螂的例子，揭示出颜阖的处境。在春秋战国的乱世之中，道家的一个很重要的思想就是"全生"——要有保全自己性命的智慧，否则的话，很可能在一瞬间就粉身碎骨。

"唉，太可怕了！"颜阖深深意识到问题的严重性。那该如何教育卫国太子呢？蘧伯玉又用养虎和养马举例，告诉颜阖，不要总想着当个"孤勇者"，做事情要有智慧，把握住对方的性格特点："就拿养老虎来说吧，不能给老虎喂活物，什么活鸡啊、活鸭啊。为什么呢？就是不要让老虎在捕猎的时候，激发凶残的天性。真正高明的养虎人，知道老虎的脾气，什么时候饥，什么时候饱，什么时候高兴，什么时候发脾气。这样的话，就能和老虎做好朋友。"

颜阖若有所思地点点头，蘧伯玉接着说道："我还认识一个爱马的人，不知道怎么宠溺好了。他用精美的竹筐装马粪，拿着珍贵的大贝壳接马尿，百般献殷勤。你猜怎么样？有一次，一只虫子叮在马身上，他拍打不及时，马儿怒气冲天，挣断辔（pèi）头，差点儿一脚踢到他。你看，不了解马的性情，再宠爱也没用。"

讲了这么多形象的比喻，蘧伯玉最后来了一个大总结："颜兄，你听我的。太子如果像婴儿那样天真无知，你也要像他一样，像个婴儿一样。如果他一点儿规矩也没有，你也不用守什么规矩。他如果放荡不羁，你就跟着放荡不羁。总之，不能螳臂当车，逆着他的

性子来，否则的话，他就是碾死螳螂的马车，是伤人的老虎，是愤怒的骏马！先顺着他的性情来，师生之间打成一片，然后再委婉地引导他，慢慢朝着好的方向发展。"

庄子简直太懂人性了！他向我们传递出另一种人生智慧，凡事不要急于求成，也不要逆潮流而动，而是要量力而行，顺应形势，从实际出发。这种智慧看起来有些"消极"，但对如何处理难题，如何面对危险，如何应对那些难以克服的关隘，都有着很深刻的启发呢。

知识小贴士：

蒯聩与卫国内乱

给蒯聩当老师确实不是什么好事情，因为这个时候卫国正处在凶险的内乱中。蒯聩是卫灵公之子。在做太子的时候，他对卫灵公淫乱的夫人南子极为不满，密谋除掉她，后来事情败露，逃亡宋国。卫灵公死后，蒯聩的儿子继承了君位，为卫出公。出公即位后，蒯聩带着自己的党羽又杀回卫国，赶走自己的儿子，自立为君，称作卫庄公。可庄公的位子只坐了三年，就因为与大夫石圃不合，被石圃带人杀死。卫国政坛如此动荡，想要独闯龙潭，确实要好好思量才行啊！

（二）解开心中的死结

人活在世上，难免会遇到一些想不开的事儿，在心里面结成死结。我们会碰到特别讨厌的人，发生一些难以释怀的事情，在心中纠结不已，想起来就不痛快。这个时候应该怎么办呢？如何让自己获得心灵的开解，轻轻松松，释然一笑？

来看看庄子是怎么说吧，他为我们描述了一位国君心中的大恨。

这位国君，就是我们讲过的魏惠王。他曾和齐威王订下盟约，两国之君，一诺千金，没想到，齐威王反悔了，违背了当初的约定。"好你个齐威王，竟敢忽悠寡人！哇呀呀，气死我也！"魏王大怒，"来人，给我找魏国最厉害的杀手，刺杀齐威王！"

好家伙，魏王的心中充满恨意，都想派出杀手了。魏国大臣公孙衍听说了魏王的想法，很不以为然：大王怎么能用这种办法呢？

他找到魏王，怒气冲冲地说："您是大国的君主啊，怎么能用这种小家子气的办法！给我二十万大军，攻打齐国！俘虏齐国的老百姓，抢夺齐国的牛马，让齐威王内心痛苦，后背生疮，然后再把齐国都拿下！如果齐国的大将想逃跑，我就追上去用鞭子抽，打断他的脊梁骨！"

公孙衍真是狠人，这番话说得怒气冲天，魏王听了很爽！出兵，灭齐！

没想到，其他的大臣不同意，他们劝说魏王，为什么要打仗呢？魏国的老百姓刚安定没几年，不能让他们再陷入战乱了。

出兵，真解气！和平，有道理！战还是不战，魏王陷入了深深的纠结，想要就此罢手，难忍心头之恨；想要发兵解气，又觉得有

一起读庄子

些小题大做。心中的纠结越来越深，变成了一个死疙瘩。魏王每天想着这件事儿，再也没睡好觉。

惠子当时正在魏国做宰相，听说了这件事。"唉，还是想个办法帮国君开解一下吧。"于是，他给魏王介绍了一个叫戴晋人的隐士。

> 惠子闻之而见戴晋人。戴晋人曰："有所谓蜗者，君知之乎？"曰："然。""有国于蜗之左角者曰触氏，有国于蜗之右角者曰蛮氏，时相与争地而战，伏尸数万，逐北旬有五日而后反。"
>
> ——《庄子·杂篇·则阳》

这位戴先生仙风道骨，宽袍大袖，是个有道之士。他不紧不慢地走进魏王的宫廷，远远望去，魏王正在"抓狂"，又跺脚，又挠头，十分烦躁。

"大王，您知道蜗牛这种小动物吗？"戴晋人拜见后说道。

"知道！怎么了？"魏惠王听了，不耐烦地说。

"蜗牛虽然很小，但我的眼神非常好！我能看见蜗牛角上有两个国家。"

"真的假的？"魏惠王有些好奇了。

"不敢骗您！在蜗牛的左角上，有个小国，叫触氏。在蜗牛的右角上，也有个小国，叫蛮氏。您猜怎么着？这两个国家正在打仗呢，争夺土地，死了好几万人，追逐败兵，一追就是十五天！"

魏惠王听了，很不以为然："您说的这两个小国，是虚构的吧？"

134

戴晋人一笑："那我给您说点儿实在的道理吧。您觉得天地宇宙，上下四方，有尽头吗？"

"没有！"魏惠王说。

"当我们神游于宇宙之内，再来看自己生活的世界，是不是显得格外渺小呢？"

"是的！"魏惠王点了点头。

"在我们生活的世界里，有一个魏国，魏国里有一座大梁城，大梁城里有一个魏惠王。那么，如果站在天地宇宙的角度上，魏惠王也好，蜗牛角上的蛮氏大王也好，又有什么区别呢？"

话说完了，戴晋人

长揖行礼，飘然而去。留下一个魏惠王，在那里怅然若失，再也没有了纠结和愤怒……

　　如何解开心中的死结？庄子告诉我们，无妨"自大观之"——立足天地宇宙、历史长河的大视野，再来看一看自己遇到的事情，再纠结，再郁闷，也都显得那么微不足道。一个人的精神世界宽广辽阔，自然能够笑对人生，斗争也好，仇恨也罢，不过是蜗牛角上的一场游戏而已。

知识小贴士：

徐州相王

　　魏惠王的故事有其历史蓝本，那就是战国时期著名的"徐州相王"事件。《史记》《战国策》记载，齐威王即位后，励精图治，齐国国力迅速增强，开始联合周边国家，对当时战国霸主魏国的地位发起挑战。魏惠王当然没有服软，但是在桂陵、马陵两次大战后，魏国精锐损失殆尽，不得不向齐国低头。于是，在公元前334年，魏惠王带领一众小国，在徐州朝见齐威王，两国之间正式承认了对方"王"的名号。鉴于两国之间有这样一段经历在，难怪魏惠王会对齐威王的失约这么愤怒呢！

（三）怎么才能不"读死书"

庄子喜欢读书，但不主张"读死书"。如果一个人过于拘泥书本，那就像一个两只脚的书橱一样，心中装满了各种各样的"知识"，但缺乏真正透达的"智慧"。在庄子看来，我们应该如何面对书本呢？怎样阅读才能不"读死书"呢？有一位做车轮的老人家，为我们展示了关于读书的道理：

桓公读书于堂上，轮扁斫轮于堂下，释椎凿而上，问桓公曰："敢问：公之所读者，何言邪？"公曰："圣人之言也。"曰："圣人在乎？"公曰："已死矣。"曰："然则君之所读者，古人之糟魄已夫！"桓公曰："寡人读书，轮人安得议乎！有说则可，无说则死。"轮扁曰："臣也以臣之事观之。斫轮，徐则甘而不固，疾则苦而不入，不徐不疾，得之于手而应于心，口不能言，有数存焉于其间。臣不能以喻臣之子，臣之子亦不能受之于臣，是以行年七十而老斫轮。古之人，与其不可传也，死矣，然则君之所读者，古人之糟魄已夫！"

——《庄子·外篇·天道》

齐桓公在堂上读书，看得入神，摇头晃脑的，一边看一边读出声来。在堂下，有一位叫轮扁的老人，正在为他做车轮。他看到桓公入迷的样子，不禁放下手中的锥子、凿子，走上堂来，问道："请问，您读的是什么书？"

桓公正在聚精会神，一下子被打断，吓了一跳，抬头一看，原

来是轮扁。哼，你一个做车轮的，哪里懂得书中的世界！不过，念在轮扁是个老人，跟他说两句吧。"我读的书，是圣人之言！"桓公有些傲慢地说。

"敢问圣人还在世吗？"轮扁问道。

"已经去世了。"桓公有些不耐烦了。这个轮扁，哪儿来的这么多问题！

"既然这样，您读的书，不过是古人的糟粕罢了！"轮扁说道。言下之意，桓公读的这些书，没什么价值。

此言一出，桓公怒了。大胆！竟敢如此放肆！他黑着脸瞪着轮扁，说道："我在读书，你一个做车轮的匠人，怎敢随便议论！给你个机会，能说出个道理也就罢了，要是说不出理由，砍掉你这颗脑袋！"

轮扁听了，也不害怕，不慌不忙地说："我就拿我做车轮这件事来说吧。它虽然是个卑贱的活儿，但也不简单，用力太猛不行，用力过轻也不行；放车轴的榫（sǔn）眼，既不能太松，也不能太紧。那种微妙的感觉啊，得心应手，但说不出口，自有奥妙在其中。这个奥妙，我连自己的儿子都教不明白，所以今年七十多岁了，还得亲自干活儿。古人已经去世了，他们只可意会不可言传的'奥妙'之道，也随之而去了。您读的这些书，难道不是圣人的糟粕吗？"

轮扁话说完了，抬起头，有些狡黠地看着齐桓公。意思就是，您觉得我说得有道理吗？还砍我的脑袋吗？

齐桓公听了之后，若有所思，如果承认他说得对，那我以后还看书吗？如果认为他说得不对，但他的话好像也挺有道理。算了算了，他挥了挥手："你下去吧……"

一起读庄子

　　轮扁的故事是个寓言，庄子并不是真的认为圣贤之书都是糟粕，没有价值。他是反对读书只停留在字面之上，领悟不到书中真实的生命——实际上，古人是否去世，古书是不是糟粕，关键看读书人的心灵境界。那什么样的读书境界是最好的呢？请注意，轮扁说了一个非常重要的成语——"得心应手"！

　　读书要领悟古人的真精神、活智慧，仿佛与他们的心灵在对话，这是"得心"。读书要能够指导实践，启迪生活，随时在现实世界中发挥作用，这是"应手"。

　　做到这四个字，书就被你读活了，书本中的古人也仿佛栩栩如生起来。

知识小贴士：

"得意忘言"——庄子的读书智慧

　　庄子对于语言本身有着深刻的反思，他有一句很有名的话叫作："筌者所以在鱼，得鱼而忘筌；蹄者所以在兔，得兔而忘蹄；言者所以在意，得意而忘言。"（《庄子·杂篇·外物》）筌是一种捕鱼的工具，蹄指的是捉兔子的网。这句话的意思是说，筌是用来捕鱼的，抓到鱼就可以忘掉筌；蹄是用来捉兔子的，抓到兔子就可以忘掉蹄。而相应地，语言是传达意义的工具，领会了意义本身，就可以忘掉语言这个形式。所以说，读书读的不只是书本上的语言，更重要的是要体会语言背后的精神。庄子的读书智慧非常值得我们学习。

（四）庖丁解牛的智慧

"庖丁解牛"是《庄子》中非常有名的故事，故事的主人公很接地气——一个厨子和一头牛。

庖丁为文惠君解牛，手之所触，肩之所倚，足之所履，膝之所踦（yǐ），砉（xū）然向（xiǎng）然，奏刀騞（huō）然，莫不中（zhòng）音。合于《桑林》之舞，乃中《经首》之会。

文惠君曰："嘻，善哉！技盖至此乎？"

庖丁释刀对曰："臣之所好者道也，进乎技矣。始臣之解牛之时，所见无非牛者；三年之后，未尝见全牛也。方今之时，臣以神遇而不以目视，官知止而神欲行。依乎天理，批大郤（xì），导大窾（kuǎn），因其固然。技经肯綮（qìng）之未尝，而况大軱（gū）乎！良庖岁更刀，割也；族庖月更刀，折也。今臣之刀十九年矣，所解数千牛矣，而刀刃若新发于硎（xíng）。彼节者有间（jiàn），而刀刃者无厚；以无厚入有间，恢恢乎其于游刃必有余地矣！是以十九年而刀刃若新发于硎。虽然，每至于族，吾见其难为，怵然为戒，视为止，行为迟，动刀甚微。謋（huò）然已解，如土委地。提刀而立，为之四顾，为之踌躇满志，善刀而藏之。"

文惠君曰："善哉！吾闻庖丁之言，得养生焉。"

——《庄子·内篇·养生主》

一起读庄子

讲"庖丁解牛"的故事，我们先要解题：庖丁是谁呀？"庖"是他的职业——厨师。关于"丁"，说法不一，有人说这个人姓"丁"，"庖丁"是丁大厨；有人说"丁"指男丁，"庖丁"指一个男厨子；还有人说"丁"指从事专门劳动的人。故事一开始，他在给文惠君解牛。文惠君是谁呢？就是我们熟悉的梁惠王。

"解牛"又意味着什么呢？

首先，"牛"在古人的心目中非常重要。在古代，人们选择了六种动物加以驯化，这就是所谓的"六畜"——牛、马、羊、鸡、犬、豕（猪）。中国古代是农耕文明，牛身体健壮，性情柔顺，不仅帮助人类种地，还在军事、治水、运输等方面起到重要作用。正因如此，牛在古人心目中是最重要的牲畜，也是大型祭祀活动中最尊贵的祭祀动物。因此，"解牛"暗含着处理最重要之事的意思。

其次，什么是"解"呢？汉字会告诉我们答案。"解"左边一个"角"字，右上是个"刀"字，右下是个"牛"字。这是一个典型的会意字——"会意"是汉字的造字方法，就像拼积木一样，把不同的字拼合在一起，来造出新字，表达新义。比如"休"就是一个"人"加一个"木"，是人在树下休息，合起来表示休息。作为一个会意字，"解"的含义十分明显，就是用刀切下牛角——"解牛"是宰牛并将其肢解分割的意思。

小篆

如果你去过屠宰场的话，就会知道，宰牛的场面是有些冷酷血腥的。但在不走寻常路的庄子笔下，故事的开场就是一个大大的意外——庖丁为文惠君宰牛，手接触的，肩顶着的，脚下踩着的，膝盖顶着的，所有地方，都发出皮肉相离的声音，刀刺入时声音更大，刺啦刺啦，哗啦哗啦，没一处不合音律，就像《桑林》舞曲的节拍，《经首》音乐的韵律一样动人。

真是奇妙！庖丁宰牛的场景，仿佛一场优美的小音乐会。他拿着刀，在牛身上自由游走，轻松流畅。

文惠君惊讶极了："哇，真棒！请问您的技艺为何如此高超？"

庖丁闻言放下刀，开口道："臣下宰牛时，追求的是大道，已经超过一般的技术了。"

什么？宰牛也有大道？庄子讲故事真是充满转折，让人忍不住发问。

庖丁继续说："我刚开始宰牛时，眼中看到的是整头牛；三年之后，我眼中已无完整的牛了。一头牛在我面前，眼见的都是一块块牛腩、里脊、上脑、腱子肉……每个区域清清楚楚，每条筋骨明明白白。现在，我再宰牛时，只凭心神和牛接触，而不用眼睛看，感觉器官停止了而心神在活动。我这便是'依乎天理，因其固然'。"

依乎天理，就是根据自然规律；因其固然，就是按照事物的本来面目。庖丁解牛之所以神乎其技，就在于把握了牛的生理构造。在一次次宰牛中，他顺应牛身上的肌肉骨骼的本来规律，让刀在肌肉骨骼的缝隙之中游走，不但碰不到大骨头，连小筋节都不会碰到。如此宰牛，怎能不轻松？

轻松到什么程度？看看庖丁的刀就知道了。

庖丁不无骄傲地说："稍好一些的厨工，一年换一把刀，他们

只会生硬地割；一般的厨工，一个月就得换一把刀，因为他们只会用蛮力剁；我呢，这把刀足足用了十九年，宰杀了上千头牛，可您看，刀刃还是像刚刚磨好一样，精薄锃亮。牛的骨节间有空隙，而刀刃精薄，用精薄的刀刃插入其中，宽宽绰绰，那刀刃的运转必定是大有余地的啊！"

你看，庄子又给我们贡献了一个成语，这就是"游刃有余"。

说到这里，我们应该理解"庖丁解牛"中的智慧之道了。庖丁之所以超越了绝大多数厨师，是因为他的心灵境界合乎大道，而不再是简单的技艺了。他懂得牛身上的自然规律，从而顺应规律，避免损伤，将宰牛这种血腥又费力的事，完成得轻松漂亮！这种智慧，益处多多，可不仅是一把刀用十九年这么简单。它是大道，可以用在生活的时时处处。

观赏过庖丁解牛，又听了这席话，文惠君不禁感叹："庖丁解牛，了不起！让我学会了养生之道——看似解牛，实为大道啊！"

文惠君为什么感慨这是"养生之道"呢？要知道，"庖丁解牛"出自《庄子·内篇·养生主》。"养生主"就是养生的宗旨，这里的"养生"可不是泡个枸杞水、煲个养生汤——养的不是身体，而是心灵，要用智慧滋养自己的生命境界。在庖丁解牛中，这种智慧就是要把握万事万物的自然规律。

遵循万事万物自然而然的规律，这正是庄子的大道。庄子是道家的代表人物，道家经典《道德经》中说"道生一，一生二，二生三，三生万物"，又说"人法地，地法天，天法道，道法自然"。人遵从大地的法则，大地遵从上天的法则，上天遵从道的法则，道遵从自然的法则。真正的大道就是事物的自然规律，道家智慧的精髓，在于理解自然、感悟自然、运用自然。庖丁看似解牛，但是他那游刃

有余的状态、行云流水的节奏，如同音乐，恰似舞蹈，都向我们展示出一个至高境界——道法自然。

庄子用"庖丁解牛"的故事，为我们揭示出道法自然的真谛。这种智慧可以随时随地指导我们，就像庖丁一样，面对各种事情都自如流畅，更有效率。如果学生有了庖丁的境界，就会解开学习的规律，更科学、更高效地学习；如果老师有了庖丁的智慧，也会懂得学生的心理规律，多鼓励，少打击，多理解，少武断，学生也一定会加倍努力。

无论什么人，什么事儿，顺应自然，尊重规律，都能事半功倍，收获满满。

一起读庄子

知识小贴士：

执牛耳——古代的大哥大

牛在古代礼仪场合非常重要，像祭祀、会盟、宴饮等场合，都需要专门宰牛。今天有个成语叫作"执牛耳"，用来指在某个领域居权威或领袖地位。这个词来自《左传》。古代诸侯在会盟的时候，主盟者会将牛的耳朵割下，放在珠盘中，参加会盟的各个代表都要上前"歃（shà）血"，把流下的牛血抹在口边或微饮入口。所以，又称主盟者为"执牛耳"。

（五）道法自然

道法自然是道家的根本智慧。在《庄子》中，有很多关于顺应自然、尊重自然的智慧；庄子对那些戕害自然的现象，也往往会深感痛惜。

庄子是一个热爱自然的人，在各种各样的动物中，他对奔马情有独钟。你见过奔驰的骏马吗？一望无际的大草原上，矫健的骑士跨上骏马，扬起马鞭，自由飞奔，让人心驰神往。东汉许慎在《说文解字》中说："马，怒也，武也。"这个"怒"可不是发怒的怒，而是鲜花怒放、鲜衣怒马的"怒"，它形象地表达出一种蓬勃而起、势不可当的力量；而一个"武"字，更是生动地表现出马的勇猛。

千万匹骏马飞奔而来，踏起尘土，鬃毛飞扬，气势俊逸超群，精神昂扬向上，真让人热血沸腾。

庄子爱马，爱的就是这饱满而自由的生命力。

在马群中，有一种马体力非凡，能日行千里，是异常珍贵的千里马。那么，如何在一群骏马中挑出那匹千里马呢？

唐代大文豪韩愈在《马说》中写道："世有伯乐，然后有千里马。"有个叫伯乐的人，特别懂马，一眼就能看出谁有日行千里的潜质。伯乐相中了马，就赶紧挑出来，圈在一起集中训练。伯乐会看马，成了著名的相马师，人们常说，千里马成就伯乐，伯乐也需要千里马，这对组合，真是相得益彰。

等等，眼光独到的庄子好像有不同意见？

> 马，蹄可以践霜雪，毛可以御风寒，龁（hé）草饮水，翘足而陆，此马之真性也。虽有义台、路寝，无所用之。及至伯乐，曰："我善治马。"烧之，剔之，刻之，雒（luò）之，连之以羁馽（zhí），编之以皂栈，马之死者十二三矣；饥之，渴之，驰之，骤之，整之，齐之，前有橛饰之患，而后有鞭策之威，而马之死者已过半矣。
>
> ——《庄子·外篇·马蹄》

骏马，它的马蹄用来踏霜踩雪，它的皮毛能够抵御风寒。平日里，它在河边吃草饮水，奔跑跳跃，自由自在，这才是马的真性情呀。面对这样自由的精灵，伯乐却非要说："我最善于驯马。"

伯乐如何驯马呢？庄子用了一连串让人心惊肉跳的词：烧之，剔之，刻之，雒之，饥之，渴之，驰之，骤之，整之，齐之……

哎呀，听起来好可怕！

简单来说，就是给马烙铁烫毛、剪毛、削蹄、打烙印，再戴上辔头，扎好缰绳，关进马厩里。这么一折腾，十分之二三的马都死掉了。

可伯乐才不管呢，他还要继续训练。如果马儿不听话，就饿着它，渴着它，等它乖乖听从命令，再教它怎么奔跑。在草原上那种无拘无束的跑法可不行，伯乐要的，是让它们快速驱驰，让它们急骤奔跑，让它们排成队列，整整齐齐地跑。

就这样，好好的骏马，前有辔头，后有皮鞭，不多久，便又死了一半。

这样的伯乐与千里马，还是相得益彰的吗？庄子说："陶匠做陶器，无论圆的方的，都能让陶泥规规矩矩。木匠做木器，无论弯的直的，都能让木材符合自己的要求。看似技术高超，可已经强行改变了陶泥、木材的本性。伯乐驯马也一样，让马儿乖乖听话，不是伤害了这飘逸潇洒的骏马了吗？"

关于这种伤害，庄子还讲了一个小故事：

> 东野稷以御见庄公，进退中绳，左右旋中规。庄公以为文弗过也，使之钩百而反。颜阖遇之，入见曰："稷之马将败。"公密而不应。少焉，果败而反。公曰："子何以知之？"曰："其马力竭矣，而犹求焉，故曰败。"
>
> ——《庄子·外篇·达生》

鲁国有个善于驯马的人，叫东野稷。这天，东野稷求见鲁庄公。鲁庄公问道："你有些什么本事呢？"

"我的马驯得特别好，我表演给您看看。"东野稷说完后，直接跳上马车，开始驾驭马匹。这些马跑起来，步伐合乎规矩，往前往后，是标准的直线，往左往右，是整齐的圈圈，跟仪仗队一样漂亮！可把鲁庄公看呆了！

"哇，这驯马的技术，没人能好过你了！"鲁庄公激动地说，"千万别停下，太精彩了，嗯……它们转圈最好看，东野稷，可否让它们转一百个圈？"

一百个圈！鲁庄公想啥呢？让你转一百个圈，看看晕不晕？

但东野稷毫不犹豫，满口答应。他勒紧缰绳，继续表演自己高超的驯马术。马儿一圈圈转，东野稷一圈圈驾车，整整一百圈啊！围观的人越来越多，都在拼命鼓掌。可这时，之前和蘧伯玉对话的那位颜阖先生看到了，他暗自摇头，走到鲁庄公面前，进言道："让他停下吧，再不停，他就要翻车了。"

这不是好好的吗？鲁庄公心想，这东野稷如此厉害，马驯得这般好，怎么可能翻车呢？我可不信颜阖说的话。他故意默不作声。

没过多久，只听哐当一声，东野稷果然连人带车，摔在地上，那场面真叫人仰马翻，十分狼狈。

鲁庄公愣住了，他想起刚刚颜阖的话，不由问道："明明一切看起来都很正常，你怎么能预料到这一幕呢？"

"唉！"颜阖叹了口气，"我不过看到他的马，经过长时间的训练，严格按照规范去奔跑，它们的力气都要用尽了。翻车，只是个时间问题啊！"

在《庄子》的这两个故事中，不论伯乐相马还是东野稷驯马，都蕴含着一对明显的矛盾，那就是人的欲望与动物的自然天性之间的矛盾。骏马矫健奔放，英姿飒爽，生来就要无拘无束地奔跑，可

人类却要征服它、管理它。人类征服自然、改造自然的欲望无穷无尽，以伯乐、东野稷为代表的驯马者，正代表了人类对于自然的征服与伤害。

可是，难道说伯乐和东野稷一点儿也不好吗？也不是！改造自然，是人类文明与社会进步的重要方式。庄子只是看到了事情的另一面——如果人类不克制自身的欲望，必将严重地伤害自然，从而最终伤害人类自己。在人类历史上，有太多类似的惨痛教训了。庄子的智慧是那么深邃，尽管改造自然是文明的必经之路，但早在几千年前，他就看到了其中的弊端与危险。

庄子怀着一颗道法自然的心，在他看来，人类是自然的一部分，如果伤害自然，饱食恶果的必然是人类自己。只有心存敬畏，充满反思，人类才能既改造自然，又尊重自然，达到人类文明与自然万物的和谐共生。

人马一心——造父学御

造父是古代有名的驾车人。《列子·汤问》记载，造父向泰豆学习驾驶马车，泰豆却先教他走梅花桩，直到造父能够在仅可容足的桩上健步如飞为止。此时，泰豆告诉造父，驾驶马车与走梅花桩是一样的。走桩的时候，要做到脚和心行动一体；同理，驾驶马车的时候，也要顺应马的习性，使马的步伐、缰绳的控制、内心的节奏三者和谐同步。做到了这些，即使不用眼看路，不用鞭驱马，马车也能走得分毫不乱，既快又稳当。"造父学御"故事的背后，同样也是道法自然的道理。

（六）庄子的告别

讲了很多庄子的故事，到了该说告别的时候了。

庄子病得很重，气若游丝，就要告别这个丰富多彩的世界了。那是一个晴和的日子，天高气爽，略有微风，有落叶轻轻飘下，安然地落在庄子枕边。

庄子将死，弟子欲厚葬之。庄子曰："吾以天地为棺椁，以日月为连璧，星辰为珠玑，万物为赍（jī）送。吾葬

具岂不备邪？何以加此！"弟子曰："吾恐乌鸢之食夫子
也。"庄子曰："在上为乌鸢食，在下为蝼蚁食，夺彼与
此，何其偏也！"

——《庄子·杂篇·列御寇》

庄子静静地躺在席子上，迎接生命最后的时光。他心中豁达，
无悲无喜，但弟子们却很哀伤。他们含着眼泪，悄悄商量，想要厚
葬庄子。

没想到，庄子虽然病重，依旧耳聪目明，听到了弟子们的话。
他虚弱地摇摇头："没必要的。我死后，放到原野上就好，把天地

作为棺椁，把日月作为双璧，漫天璀璨的星辰是我身旁的珍珠，还有世间万物也都是我的陪葬。当我投身到宇宙之中，葬品如此丰富，还需要厚葬吗？"

弟子们听了，更伤感了："我们想厚葬您，也是怕乌鸦、老鹰吃掉先生的遗体。"

庄子听了，轻轻笑了一下，用几乎听不到的声音说："遗体放在原野上，被乌鸦和老鹰吃；埋在地下，被蝼蛄和蚂蚁吃。你们把我从那边夺过来，交给这边，有点儿偏心啊。"

话说完了，庄子面带笑意，轻轻地闭上了眼睛。他充满智慧的生命，回归到宇宙的洪流之中。

当他融入到天地宇宙的刹那，一切都是平等的，一切都是自由的，一切都是顺应自然的，一切都是契合大道的……

知识小贴士：

棺与椁

古人下葬时有棺有椁。棺是盛放尸体的内层，而椁则是套在棺外面的大棺材。通常只有贵族才能享受棺加椁的待遇，死者越尊贵，加的椁就越厚越精致。汉代只有帝王才能使用的"黄肠题凑"，就是一种由方木层叠嵌成、极为阔大的椁。《论语》中，孔子的儿子孔鲤只是平民身份，所以孔子说他"有棺而无椁"。至于心怀宇宙的庄子，不仅不需要椁，可能连棺都不需要吧……

儒道互补的文化精神

  品读了庄子的人生传奇，领略了《庄子》中的大千世界。我们会发现，庄子也好，道家也好，他们的思想与追求，与孔子、孟子所代表的儒家思想很不一样。

  儒家是入世的，积极的，他们热切地希望改变黑暗的现实，通过自己的努力，让世界变得更好。道家呢，他们更倾向于出世，显得有些消极，与其千辛万苦地改变现实，不如让自己的心灵变得更为洒脱、更为逍遥。

  如果将庄子和孔子、孟子摆在思想史的天平上，我们该如何理解他们的差异呢？又该向谁学习呢？

  其实，中国古人对于二者的不同，采取了兼收并蓄、儒道互补的文化态度——既像儒家一样，肩负起天下的责任，心怀仁爱，积极做事；也像道家一样，拥有超凡脱俗的智慧，在逆境与痛苦之中洒脱自在，始终保持心灵的自由。最典型的例子就是苏东坡，他既是慷慨进谏的士大夫，也是爱民如子的父母官，更是在迫害与贬谪（zhé）之中，逍遥自得、光风霁月的智者。在他的文章诗词中，我们随时能看到儒家与道家两种智慧的结合。

  正因如此，品读《庄子》，感受逍遥，这与读《论语》《孟子》并不矛盾。拓宽心胸，开阔眼界，用儒家与道家思想的综合互补，来丰富我们的心灵内涵，提升我们的生命境界吧。

成语典故

哀莫大于心死	安之若命	白驹过隙	碧血丹心	变化无常
不近人情	不上不下	不徐不疾	不言之教	苌弘化碧
超逸绝尘	沉鱼落雁	踌躇满志	大方之家	大惑不解
大同小异	大相径庭	呆若木鸡	盗亦有道	得心应手
得意忘言	得鱼忘筌	东施效颦	独往独来	分庭抗礼
扶摇直上	俯仰之间	高官显爵	各行其是	功盖天下
姑妄听之	观者如市	鬼斧神工	害群之马	邯郸学步
化腐朽为神奇	井底之蛙	君子之交淡如水		空谷足音
每况愈下	莫逆之交	能者多劳	怒发冲冠	庖丁解牛
鹏程万里	窃钩者诛，窃国者侯		日出而作，日入而息	
桑枢瓮牖	善始善终	神乎其神	失之交臂	探骊得珠
螳臂当车	螳螂捕蝉，黄雀在后		恬淡无为	吐故纳新
望尘莫及	望洋兴叹	文过饰非	蜗角之争	夏虫不可语冰
相濡以沫	心服口服	心如死灰	形如槁木	栩栩如生
虚与委蛇	学富五车	洋洋大观	一日千里	贻笑大方
以强凌弱	亦步亦趋	溢美之词	游刃有余	越俎代庖
昭然若揭	朝三暮四	知其一不知其二		栉风沐雨
只可意会，不可言传		庄周梦蝶	捉襟见肘	斫轮老手

★ 微信扫码可见成语典故注音、释义与出处；参照《新华成语大词典》商务印书馆2019年版；《现代汉语词典》商务印书馆第7版。

庄子年谱

公元前369年
出生

庄子出生。

公元前350—前340年
二十岁至三十岁

庄子家贫，向监河侯借粮。监河侯表示收税后借给他，庄子愤然讽刺之。

公元前352年
十八岁

商鞅赴秦，任大良造，开展轰轰烈烈的"商鞅变法"，秦国始强。

公元前339—前3
三十一岁至五十一

楚威王即位，以楚国神龟相喻，志向。

惠子任魏国相，游辩论，有著名的

庄子在宋国，

宋康王

公元前305—前286年
六十五岁至八十四岁

　　庄子妻子去世，惠子前来吊丧，庄子鼓盆而歌。
　　惠子去世。
　　庄子为赵惠文王说剑。
　　庄子去世。临死前劝说弟子不要厚葬自己，而要"以天地为棺椁，以日月为连璧，星辰为珠玑，万物为赍送"，即使自己的身体被乌鸢蝼蚁吃掉，也是自然之造化。

公元前318年
五十二岁

　　宋公偃自立为王，《庄子》书中多记其事。

19年
岁

遣使请庄子出仕。庄子垂钓濮水，表达"曳尾于涂中"、不愿为官的

国，庄子往见之。期间多与惠子交"濠梁之辩"。

为漆园吏。

★庄子年谱参考了《庄子评传》等相关著作。